滅びゆく日本人

黒羽栄司

たま出版

滅びゆく日本人——目次

第三章　日本人らしく生きる

第一章　日本人は消滅しつつある

移民で人口減少はとまらない

昨今、日本人が国の内外で危惧されていることが二つある。

その一つは前世紀の末ごろから日本の人口減少が目立ってきて、大げさな話だが、日本人がやがて絶滅危惧種に指定されることになるのではないかと言われていることだ。

二〇一二年のはじめ、アメリカン・エンタープライズ公共政策研究所（American Enterprise Institute for Public Policy Research）の日本研究部長マイケル・オースリンという人がウォール・ストリート・ジャーナルの日本版に、「移民を拒否する日本の行く末」という記事を載せた。

「日本人はゆっくりと消滅しつつあり、今のところ救済計画はない。毎年一月、全国で成人の日を祝う催しが行なわれるが、新成人の数は毎年減っており、今年はわずか百二十万人で、一九七〇年の約半分だ」と書き、「どうすれば少ない人口で国を繁栄し続けられるかという重要な問題が検討されていない」ことを懸念して、「問題は、多くの日本人が西洋型の移民の実現を望んでいないことだ」と、「移民による人口の回復」を提言している。

この記事に呼応するかのように翌年の十月、イギリスのガーディアン紙のコラムに「日本の若者はセックスをやめたのか?」という記事が載った。やや刺激的な見出しだが、「日本で結婚を望まない若者が増えている」という内容で、若者の「非婚化」が日本の人口減少を加速する要因になっているという指摘だ。

確かに少子高齢化社会に入って日本人の数は減り始めている。

日本の人口は第二次世界大戦が始まるころには七千二百万人ぐらいで、戦争中に「出せ一億の底力」と歌っていたのは一八九四年の日清戦争や一九〇四年の日露戦争、一九一〇年の日韓併合の結果、台湾や南樺太、朝鮮半島が日本の領土になっていたからだ。

戦争はおよそ三百万人の日本人の生命を奪ったが、軍部が「産めよ殖《ふ》やせよ」という標語を国中に貼って、一銭五厘のはがき一枚で戦場に送る命の増産に努めていたので、戦争が終わった一九四五年の人口はやはり七千二百万人だった。

しかし平和な時代がやって来ると、暮らしは貧しかったが、人口は敗戦直後の一年で三百五十万も増えた。その後も一九六六年の丙午《ひのえうま》の前年まで、年に百万から二百万ぐらい増え続けた。

この丙午の年というのは十干十二支《じっかんじゅうにし》の組み合わせで、六十年ごとにやってくる。一六八三年、江戸本郷の八百屋の娘で、恋人に会いたい一心で自宅に放火、その罪で火刑に処された事件があり、この娘の生まれが丙午の一六六六年であったため、それ以来「八百屋お七」のような丙午生まれの女性は気性が強く、夫の命を縮めるという迷信が広く伝わって出生率が低い。それで一九六六年の人口は厚生労働省の資料で前年を十七万人も下回ったのだが、翌年には百万あまり増えて一億人を超した。

以後も順調に増え続けたが、一九八〇年代に入るとバブルの好景気に逆行するかのように人口の増加率は鈍り、一九八六年に「期間合計特殊出生率」が一・五七と、丙午の年の一・五八を下回って、それまでの最低を記録した。この「合計特殊出生率」

というのは一人の女性が一生に産む子どもの数の平均のことだから、夫婦で作る子どもの数が二を下回れば、人口は減少傾向になる。厚生労働省の統計によると日本ではそれが、一九七〇年代の前半まで二・一を上回っていたが、一九七五年に一・九一となり、以降漸減するようになって二〇〇五年に一・二六と、史上最低を記録した。人口の実数としては、二〇〇四年に一億二千七百七十八万七千人と最高を示したのち、二〇〇八年に減少が始まる。その減少数は年に二十万から四十万だが、いっぽうで高齢者の数は少しずつ増加しているのだから、少子化の傾向はかなりきわだっていると言わなければならない。

期間合計特殊出生率は二〇〇六年以後、景気の低迷でわずかに上向き、二〇一二年には一・四一まで回復している。しかし、人口そのものは年に二十万人から三十万人ずつ減り続けている。

では、いったいどうしてこんなことになっているのか。

マイケル・オースリンはアジア問題、特に日米関係に詳しい優れた論客であり、どちらかと言えば保守的な立場でものを言う人のように思えるが、人口の減少を移民で補うというのは単純にすぎる。それに、減少の原因が若者の晩婚化や非婚化にあるのは当然として、なぜそうなってきたのかという議論を飛び越えて、対策は移民の受け入れしかないというのも乱暴だ。

もっとも、この人は、日本では日本が世界でも珍しい「単一民族国家」だと誤解している人間が多いということを知っていて、そのために移民政策を実行に移すことはそれほど容易ではない、と言っている。つまり、日本の人口減少は移民の受け入れを拒否する民族的な排他性によって深刻化していくというわけだ。

それに比べてガーディアン紙の記事は人口減少の原因を追究してくれているのだから、こっちのほうがいくらかましだ。それにしても、まさか日本の若者がみんなインポテンツになってしまっていると、本気で思っているわけではないだろう。

確かに、一つの国家の人口が減っていくのは、その国の国籍を持つ人間の数が減っていくことだから、マイケル・オースリンが言うように「西欧型の移民」を受け入れるようにすれば解決できるかもしれない。

「西欧型の」というのはどういう意味なのかあまりはっきりしないが、例えば、アメリカやオーストラリアは言ってみれば移民で出来たような国だ。しかし、あんなふうに広大な「未開地」を「発見」して、そこに移民として押しかけていくような場所はもう北極と南極にもないから、現在のヨーロッパのように、経済の發展した先進国が遅れた途上国からの出稼ぎ移民を受け入れろというのだろう。

ドイツが第二次大戦後に奇跡的な経済復興を遂げたのは早くから移民政策をとってきたことにも一因があり、その結果、現在では人口の二割近くが移民とその子孫で占められているという。

もちろん、それで何も問題がなかったわけではない。

ＥＵの圏内では移民は基本的に自由なので、ポーランドのようにドイツやフランスへ出ていく労働者がいるいっぽうでウクライナからの出稼ぎ移民が入ってきたりして、そうなると移民の社会的な位置や待遇、自国民との言語・宗教や民族文化の融合などのいろいろ複雑で面倒な問題が起きてくる。

そうした問題を克服しながら移民受け入れ政策を続けていけば、民族同士の対立も薄れ、やがて固有独特の民族というものは消滅して、単一のヨーロッパ人種、アジア人種が生まれてきたりするのだろうか。

地球の回転が止まりでもしない限り、そんなことはありえない。だから、世界中の民族がお互いの文化を尊重しながら、いたるところで人種の垣根を越えてともに暮らしていくということは、大変難しいことではあるが、努力目標として必要なことだ。

しかし果たして、移民の自由化が人口の減少そのものを食い止める決定打になるのかといえば、それは完全に間違っている。

なぜなら、少子高齢化は先進国の一般的な現象で、現にヨーロッパの各国では「合計特殊出生率」が軒並みに二を下回っているし、低開発国の余剰人口が先進国の人口の穴埋めをしたところでその低開発国も発展すればすぐに少子高齢化の時代がやって来る。今は世界人口の爆発的増加が続いているとしても、風向きがいつ変わるかは予測がつかないし、変化は始まれば急速に進んで、それを阻むことは難しいだろう。

逆に言って、世界人口が増え続けるということも、人類にとって放置していていい問題ではない。

日本人が人口減少を食い止める充分な対策を持っていないというのは事実かもしれ

ないが、人口密度の高い国が人口の減少に合わせて国のサイズを縮小していくというのも一つの考え方だ。人口は増えればいいというものでもないし、必ずしも減れば困るというものでもない。問題はなぜ減り始めたのかという原因を突き止めることだ。それなしには減っていいのか悪いのかの判断もできないし、対策も生まれない。国のサイズの縮小は、始めれば多分、急速にとめどがなくなる。

しかし最終的には、とりあえず日本も移民政策をとることになるだろう。

少子高齢化対策の一つとして安倍内閣は大胆な移民政策を打ち出そうとしているし、それに反対する政治家は自民党の内部にも少なくはないけれども、労働人口の減少を懸念する経済界が移民の受け入れを歓迎しているからだ。

とはいえ、基本的にいって移民は人口の「減少を補う」ことはできても、日本人の「減少を食い止める」ものではない。「補われた新しい日本人」たちが派遣社員並みの賃金で従順に働き続けることが期待できるだろうか。

いわゆるアベノミクスが打ち出した政策の一つに「女性が輝く社会づくり」というのがあるが、これは国民の誰もが異議のないことでありながら、もしかすると政府が本気で考えていることなのかどうか、疑問を持つ人も少なくないのではないか。

そう思われる理由は、なぜ日本の女性が今日まで輝くことができなかったのか、ということが政治的に追及されていないからだ。それが安倍内閣になってから急に脚光を浴びてきた。それも労働力の確保に不安を感じている財界が戦前のような低賃金で雇える紡績工場の女性工員の時代の再来を期待してのことかもしれないのだ。

女性が輝くという政策は政府閣僚に何人かを登用してみせて、民間でも管理職の三割程度を女性が占めるようになればそれで終わりなのかもしれないが、それだけでも簡単にできることではないだろう。

スイスの「世界経済フォーラム」という研究機関が発表した「男女平等度世界ランキング」というのがあるが、それによると日本は二〇一四年のランクが世界百四十二カ国中、百四位という低さで、その内訳は国会議員数で百二十六位、団体管理職の割合で百十二位、経済活動への参加・機会で百二位といった具合だ。この低さがどの程度のものかは、アフリカ諸国で日本より高いランクにいる国が、ケニアやタンザニア、ジンバブエ、セネガル、ウガンダ、モザンビーク、南アフリカなど十五カ国もあるということからでもわかる。

もっとも、これらの発展途上国も文明が進むにつれて、いったんは女性の進出が止まるはずだ。なぜなら、本来、社会活動の主体は男性であり、女性は種族繁栄の主体だからだ。社会を創出した男性が楽をして富むという自己の居場所をそうやすやすと女性に譲ることはない。一般的な女性の社会進出は文明の高度な発達が生み出す恩恵を男性が独占したのちに、それがどれだけ女性に分配されるかという「平等度」によって示される。

そして、真の意味での男女の平等は女性の社会進出の度合いの高まりに比例して、男性の「種族繁栄」活動を分担する度合いも高まってはじめて達成されるべきものだ。「男女平等度フォーラム」が行なっているランキングの指数は政治・経済・教育・健康の四つの分野で男女の格差がどの程度埋められているかを、完全な平等であれば一、絶対的不平等であればゼロで示したもののようだが、日本の指数は〇・六六で、G7の中でも最低だ。日本以外の六カ国での最高はドイツが〇・七八で世界十二位、最低はイタリアの〇・七〇で世界の六十九位と、指数はすべて〇・七〇以上、日本は大きく水をあけられている。ちなみに世界百四十二カ国のトップはアイスランドで指数は〇・八六、以下フィンランド、ノルウェー、スウェーデン、デンマークと、北欧諸国が占め、指数もすべて〇・八を超えている。

昔ながらの亭主関白、男尊女卑の日本が、古い頭の保守政治家が掛け声をかけたぐらいで簡単に変わるわけはない。ＩＴ工場の組み立て女性工員が派遣社員並みの賃金でいくらでも雇えるとでも思っているのなら大間違いだ。女性の社会進出が顕著な中国では、それを実現するための職場保育や幼稚園の充実、小中学生からの寄宿制度などを国がつくったあげく、「一人っ子政策」も働く女性の切実な要求から出てきた。それらの女性の社会進出のための環境づくりに国家が本腰をあげ、経済上の効果や損得を度外視して取り組まない限り、男女平等は実現しない。そして、そうでなければ女性の社会進出は若い世代の結婚や出産をますます難しいものにしていくだろう。

アベノミクスでは女性が輝けば輝くほど、人口減少に拍車がかかることになる。その「女性の輝く社会」が労働人口の不足を補う程度の次元の低い政策でなければ幸いだ。

結論から言って、移民政策も女性の社会進出も、日本人の人口減少を防ぎとめるものではない。人口の減少が日本人全体にとって良くないことであるのなら、まず何よりも減少の本質的な原因をつきとめなければならない。

非婚化の原因は貧困にある

確かに、人口減少の直接的原因は生まれる子どもの数が少ないことだ。出生数の少ない年が続けば、やがてその国全体の人口の減少が始まる。

そして、なぜ日本の子どもの出生数が少ないのかということについて、イギリスのガーディアン紙が心配してくれているのが、日本の若者はセックスレスにおちいっているのではないかということなのだ。が、それは多分誤解だ。若者が男女を問わず晩婚化の傾向を強めているのは事実だが、その原因は彼らのセックス志向や性能力が弱まったからではない。

厚生労働省発表の二〇一一年人口動態によると、一九八〇年代には男が二十七・五歳、女が二十五・二歳だった日本人の平均初婚年齢は、二〇一一年には男三十・七歳、女二十九・〇歳と高くなり、毎年上がり続けている。また、二〇一三年の内閣府の調査では、五十歳までに結婚していない「生涯未婚率」は男性二〇・一四％、女性一〇・六一％で、これを三十年前と比較すると、男性は八倍、女性は二倍に増えたのだという。

連合（日本労働組合総連合会）が二〇一三年に、未婚の男女三千名に対して行なった、結婚や子育てに関する調査では、一年以内に結婚したいという人が一五・八％で、二、三年以内が一五・六％、そして四、五年以内から十年以内にという人が九・八％と、「いずれは結婚したい」の三九・五％を合計して結婚願望を持つ人は八〇・七％と、全体の八割を超える。しかしそのいっぽうで「結婚したくない」という人が一九・二％ある。

そして「結婚したい」と答えた人の中に、結婚はしたいが「多分できない」「絶対にできない」としている人が二三・一％あるから、これを含めて計算すると全体の二七・六％が生涯未婚者となる可能性がある。

「結婚したくない」という人の一九・二％は男性の一九・七％、女性の一八・六％を平均したもので、性別では大した違いはない。

さらにこの調査は「結婚したくない」人にその理由をたずねているが、それによると男性では「経済的な不安」と「自由な時間が減る」がどちらも五六・一％と最も多く、「自由なお金が減る」が四八・五％、「結婚に幸せを見いだせない」が四一・五％と続く。いっぽう、女性のほうは「結婚に幸せを見いだせない」が六二・七％と最高で、二位は「相手の家族との関わりが面倒」の六一・二％、次いで「自由な時間が減る」の五六・一％となる。

「経済的な不安」というのは男性のトップで、女性の場合は三一・三％と少ないが、これは日本では家計収入の担い手が基本的に男性だから当然として、「結婚に幸せを見いだせない」が男性で三位、女性ではトップというのが問題だ。ついでに付け加えると、「一人でも幸せ」というのが、男性で五位（三二・七％）、女性では六位（四一・八％）とかなり高い割合で続く。

こうした数字を見ていくと、日本の若者がセックスに興味を失い始めたのかと思われるのも無理はない。ネットで調べてみると国別の年間セックス平均回数のランキングがいくつか出てくるが、ヨーロッパではどの国も高めで百から百四十回。アジアの諸国はそれに比べるとやや低いが、それでもおおむね年七十回を超えているのに、日本だけはぽつんと飛び離れてただ一国、最低の五十回以下となっている。

一九九六年にアメリカのシーア・コルボーンという女性の環境保護活動家は、三人の仲間と共同で出版した『奪われし未来（Our Stolen Future）』の中で、二十世紀の後半に科学者たちがつくり出した十万種類にものぼる合成化学物質の中のいくつかが、地球の「環境ホルモン」を通じて生物の生殖機能に重大な影響を及ぼしていると警告し、その一つの表れとして、一九九一年にオランダの研究グループが発表した資料が、「一九四〇年には精液一ミリリットルあたり一億千三百万個あったヒトの精子の数が、一九九〇年には六千六百万個と半減していた」ことを明らかにしていたと述べている。

それから三十年あまりも過ぎた現在、もしかすると日本人男性の精子の数はこれよりもっと少なくなっているのかもしれない。

しかし、日本人だけがセックスに淡泊であるとか、生物的に性能力が低いというのはありえないことで、もしそうだとしたら、まだ明らかにされていない何らかの原因があるはずだ。日本人の食生活が第二次大戦後に欧米風に変化したことが、日本人の生物的な体質の変化をもたらしたなどという説明は説得力を欠くだろう。

統計数字で見る限り、日本の若者が晩婚化と結婚敬遠の傾向を持ち始めていて、それが婚姻率の低下に表れていることは確かだが、その原因が彼らの性機能の低下にあると単純に結論づけることはできない。彼らの晩婚化傾向と婚姻率低下の真の原因を究明するためには前記の「連合」の世論調査をもっとよく吟味する必要がある。「結婚したくない理由」として、彼らが男女を問わずかなりの高率で挙げる「結婚に幸せを見いだせない」とか「一人でも幸せ」というのは、若者の性的意欲の後退を示しているのだろうか。

考慮しなければならないのは、日本社会でのセックス産業の発達と繁栄によって日本人の、どちらかといえば男性が性の充足を単純な結婚という形だけに求めなくなりつつあるということだ。そのいっぽうで、子どもさえ出来ればセックスパートナーはいなくてもいいという女性も少なくない。
「二次元コンプレックス」というのは、アニメや映像の中の異性に惹《ひ》かれて、いわゆる「三次元」の生身の人間との接触から逃避する精神状態をいうが、そういう若者なら「一人でも幸せ」と思うに違いない。

長い間「男女七歳にして席を同じくせず」という儒教精神の中で育ってきた日本人の性道徳は第二次世界大戦後に大きく変化して、現代の若者は男女の別なく「性の自由」をほぼ共有するようになった。いわゆる戦前には結婚する女性の九割方は処女というのが庶民の常識だったが、今ではそんなことを言う人はほとんどいなくなっている。

現代日本語では、彼らが「彼とはいいお付き合いをさせていただいています」とか「彼女とはもう付き合っていない」と言うとき、それは性的関係にあるということを意味するのだが、その「お付き合い」は一時的な場合が多く、また対象が複数であっても特に非難されるわけでもない。それが特定の相手にせばめられて長期にわたるようになれば「結婚という墓場」に入っていくことになる。その墓場に入りたくなければ一人で暮らすのも悪くない。男女の関係は結婚という形式で最終的に完成するわけではないし、セックスというものは、特定の相手がいなければ充たされないというものでもないというのが現代の若者の常識だ。

つまるところ、日本の若者はセックスレスにおちいっているのではなく、特定のパートナーとだけのセックスや、単に子どもをつくるだけの性行為には大した興味を持てなくなった人間が増えつつある。なぜそうなりつつあるのかといえば、それは経済が発展して、社会が高度で複雑な繁栄を遂げるからで、そういう高度に発達した複雑な社会の人間にセックスの回数などを単純にたずねるほうが間違っているのであり、年五十回というのは多分、社会的に「合法」と認められる回数なのだろう。

そうかといって、単純な性に飽き足りなくなった者が誰でも充分な性の充足を得ているかというと、それはまた別の問題だ。それには経済的な問題が絡んでくる。前記「連合」の調査にあるように、結婚しない男性の理由のトップを占めるのは「経済的不安」と「自由時間が減る」であって、金に不自由のない人種ならともかく、大した稼ぎのない男にとって、結婚とか家庭生活とかいうものは重荷に過ぎる。取るに足りないわずかな自由でも、それを犠牲にして結婚し、家族を養う決心をするのは愚かな冒険なのだ。

結婚というものに対するものの考え方は、実は男性と女性で基本的に違っている。女性にとってそれは性の結合によって得られる「家族」の創出を意味し、種の繁栄によって幸せな人生を送るというのは、多くの女性の主たる願望となるのに対して、男性にとってのそれは、とりあえず幸せな「性生活」の確保であり、結果としての家族や子孫の繁栄は二義的なものになる。男性にとっての第一義的願望は結婚や家族よりも、それらを確保できる経済的な自立や社会的成功なのだ。

それに、経済の発達した先進国では社会が成熟すればするほど、貧しい男性は増え、彼らの第一願望の達成は晩《おそ》くなる。

女性のほうでは、いつか素敵な「白馬の王子」が目の前に現れることを夢見ながら年を過ごし、周りにはもう「草食男子」しか残っていないことに気がつくころには出産年齢が限界に近づいている。そして、適当に妥協するしかないと相手の家族に会えば、そういう子どもを育てた親だから、嫁に何を期待しようとしているかはすぐわかる。結婚しない理由の二番目に、男性にとっては思わぬ高率で、「相手の家族との関わりが面倒」が挙げられているのはそういうわけだ。

要するに日本では、女性がまだ解放されていない。結婚は「幸せな家庭生活」であるべきだが多くの場合にそれは女性にとって「おさんどんの生活」であり、また高齢化社会の私的介護要員であり、たとえ裕福な家庭の「玉の輿」に乗ったところで、代わりの「おさんどん」を雇うことができなければ同じことだ。

アベノミクスは「女性の社会進出」をうたうが、家事を男女で分担することが当たり前の社会にならなければ、女性が社会に解放されることはありえない。女性が毎日の食事を作りながら子どもを育てるのなら、せめて掃除、洗濯はその子の父親が受け持って育児を手伝わなければならない。首相だって、官邸の掃除は公務員労働者に任せるにしても、自宅では風呂やトイレの掃除まで自分でやるのが当たり前という社会にならない限り、女性登用政策などは差別の拡大になるだけだ。

つまり、女性が結婚をためらうのも男性の意気地なさと現実逃避に原因があり、その男性の現実逃避も結局は「稼ぎ」のはかばかしくない現実にあるとなれば、日本の若者の晩婚と非婚化の原因は貧困にあると間違いなく断定することができる。

彼らの貧困が、乏しい彼らの自由と健気な自己主張を守るのに精いっぱいで、それが日本人種の繁殖力を弱めているという、ただそれだけのことだ。日本の人口減少の原因が若者のセックスレスにあるなどというのはとんでもない、本気で言っているとすれば、失礼な誤解にすぎない。

文明の発達が貧困を増殖する

つまるところ、人口減少の原因は貧困にある。

では、なぜアフリカや中南米の発展途上国の人口は増加を続けているのか。なぜインドや中国はＧＤＰの低い貧しい時代に人口が膨れ上がったのか。

答えは簡単だ。そこでは貧困だけがあって、社会や経済の成長がなかったからだ。

富も貧困も存在しない未開の時代には人口が増える。それは自然な生物の生態を見ればわかる。人間以外の自然の中の生物は富も貧困もない生態系のバランスの中で繁栄する。しかし、バランスの頂点にある人類はそのバランスを自ら調節しなければならない。

戦争がその唯一の方法であることは許されないとして、人類が創り出した「社会」の中で、種の繁栄は人類だけに与えられた文明による影響を決定的に受けてきた。その中でも人口の増減を大きく左右してきたのは人間社会の経済活動だ。

有史以来、人類はゆっくりとその数を増やし続けてきた。文明が未開であるうちは自然との戦いの中で生涯を全うできる者は少なく、俗に「貧乏人の子だくさん」と言うとおり、ただ生きていくだけでも、子どもはたくさん生まれなければならない。その数は常に死者の数を上回らなければならない。

この「多産多死」による原始的な人口の増加は地球の陸地の半分ほどの地域で文明が開け、経済が発展して富の争奪が一段落するまで続き、現代に及んでいる。

十八世紀の産業革命以後に増加のペースを上げた世界人口は、十九世紀のはじめに十億人を数え、百二十五年後の一九二七年に二十億人と倍増したが、その倍の四十億に達するのには五十年を要しなかった。二十世紀末には六十億を超え、爆発的な人口増加は地球環境の悪化とともに、人類の危機として考えられるまでになった。二十世紀の最大の知性の一人、アイザック・アジモフはその著作の中でたびたび、この人口の爆発的増加について警告していたが、その解決の道筋が提案されていたわけではなく、やがて限られた先進国に少子高齢化社会という問題が起きてくる。

そして今、地球的な人口爆発のさなかで、私たちは人口減少への対策を迫られているわけだが、これは矛盾したことなのか？

現実に、開発の遅れている発展途上国家の人口は増え続けているし、先進国の多いヨーロッパの人口は減少傾向にある。日本も第二次大戦後の、経済が極端に疲弊していた貧しい時代には、人口は年に百万、二百万と増え続け、二〇一〇年には史上最高の一億二千八百五万七千人に達したが、実は人口の前年比増加率の低下がバブル景気と期を同じくしてすでに一九八〇年代の半ばから始まっている。

簡単に言えば、人口は国全体が貧しい間は増えるが、景気が良くなると減り始めるのだ。

日本の人口減少の最も早い前兆は、戦争による人命の損失を回復するさなか、戦後わずか五年で表れた。荒廃した敗戦国日本に、旱天《かんてん》の慈雨のように突然始まった一九五〇年の朝鮮戦争特需景気だ。大戦中、終戦直後と、四を超えていた日本人の「期間合計特殊出生率」が、この朝鮮戦争勃発後に激減し始めたのだ。

戦争は三年後に休戦となったが、特需景気で回復した日本経済は安定した高度成長期とつながり、その間も繁栄の中で下がり続けた出生率は一九七〇年には二を下回り、二〇〇五年に一・二六と史上最低、世界では十番目に低い数字を記録する。

「期間合計特殊出生率」というのは人口統計上の指標で、十五歳から四十九歳までの女性のそれぞれの年代の出産率をベースに、一人の女性が一生に産む子どもの数の平均を示すものだが、記録のある日本の数字としては第二次大戦後に起こったベビーブームの四・五が最高だ。

一人の女性が一生に産む子どもの数が二を下回れば、当然のことながらその集団の人口は増えない。ただし現実の人口減少は何年か経過した後に表れてくる。日本の場合は出生率が二を割った一九七〇年から三十五年後、つまり一世代のちの二〇〇四年に、前述のように人口が史上最高の一億二千七百七十六万八千人に達したのち、その翌年から、初めて人口の減少が始まった。しかし注意深く観察すれば、二〇〇四年から二十年をさかのぼる一九八四年に、人口は前年比増加率ですでに減少を始めていた。

また、ある集団の年間の死亡と出生が長期間ほぼ釣り合っている状態の出生のレベルを「人口置換水準」というが、それが一般の先進国では二・〇七とされているそうで、それを確実に下回るようになったのは一九七五年以降だというから、アジモフの懸念は単なる杞憂《きゆう》にすぎず、人口の減少は四十年も前から確実に潜行、胎動していたのだ。

バブル経済のはじけた今世紀のはじめになって、私たちはようやく少子高齢化社会の危機感を強く持つようになってきた。日本のGDPが世界二位だった四十年ほどの間、潜在的に進行してきた日本の人口減少が、GDPが世界三位に後退するころになって顕在化したといえるだろう。しかし、その種は一九五〇年の特需景気で日本経済がわずかに上向きになったその時にすでにまかれていたと言わなければならない。

このように、人口の増減は経済の繁栄と密接な関係を持っている。

二十一世紀の新たな主役に躍り出た中国の例を見てもそれは明らかだ。

前世紀のはじめ、「眠れる獅子」と言われていた中国は、すべての国民が貧困という状態の中で人口を増やしてきた。一九四九年に革命を経て樹立された民主共和国は朝鮮戦争を義援して多くの兵士を失ったが、毛沢東は人海作戦が原爆を凌ぐと豪語して、中国の人口は増加し続けた。民衆の力に依存した「大躍進」の失敗から深まった貧困が人口の増加を加速して、それが順調な経済発展の障害になるだろうということに気づいたのは鄧小平が改革開放の経済路線を立ち上げてからのことだった。

一九七九年に始まった中国の人為的な人口抑制「一人っ子政策」はそれなりの成果をあげて、人口増加のスピードにはブレーキがかかり、すでにそのころGDPを世界の八位まで上げていた中国の出生率は、建国当時の三・七から二・八にまで下がる。

そして一九九二年に人口置換水準の二・一を下回り、その二年後からは一・八以下というレベルが持続している。この数字から考えても、またアメリカに次ぐ世界二位というGDPの高さからいっても、中国はもういわゆる途上国ではない。それを自称し続けるのは狡猾《こうかつ》というほかはない。

それはともかく、中国の出生率を下げる主たる原動力となった一人っ子政策は、実は中国指導者の考え出した人為的な政策というよりは、増え過ぎた人口とそれに追いつかない経済とのバランスを取るために生まれた自然な社会の要求だった。それは建国当時からの国是でもあった女性解放に目覚めた中国女性の、強い意思の表れだったということに留意しなければならないだろう。

女性が社会に進出し、男性と肩を並べて国家社会に貢献できるようにするためには、人口抑制についての女性自身の切実な要求が実現されなければならなかった。そして、男女が平等に社会進出を果たすときには出産や家庭生活を犠牲にしなければならないという点で、それはやはり経済的な圧迫、つまり社会が生み出す貧困の結果なのだということができる。

遅れて先進国の仲間入りをしてきた中国でさえ、人口の減少が今世紀に入る以前から始まっているということは、先に述べたように、やはり、景気が良くなれば、人口が減り始めるという原理の正しさの証明になるだろう。

景気つまり経済が良くなれば、ということは文明が発展していけばということだが、必ず人口が減り始めるのだ。

なぜそうなるのか。その答えも難しくはない。

経済を発展させていくためには資本が必要だ。自由主義経済であれ社会主義経済であれ、カネがなければ企業は生まれない。発展の規模が大きければ大きいほど巨額の資本が必要になるが、それはどこから出てくるか。

例えばノーベル賞の候補になるような発明は、日本の科学界にごろごろしているというが、生物の万能細胞とかエボラ出血熱の特効薬が発明されたといっても、巨額の投資がなければ実用化はできないし、地球文明の極限ともいわれる宇宙産業に参入できるのは、今のところ十カ国ほどの経済大国の企業だけで、それも将来に巨額の利益が見込めるから、われ先に乗り出してくる。しかし、その資本はどのようにして蓄えられたのか、巨額の利益はどこから集められたのか。それらはすべて企業の顧客であり、サービスの利用者であり製品の消費者だ。といっても、先端技術による文明の恩恵を享受できるのは金持ちだけに限られていて、新幹線に乗れないような貧乏人がリニア新幹線を利用することはありえない。そのような貧乏人も昔は分割払いで買った自分の車に乗っていたのかもしれないが、今はもう持ち金をすっかり吸い上げられてしまって、財布の中は空っぽだ。

つまり、文明は進めば進むほど、その文明を利用することもできない多くの貧乏人を作り出す。貧困者を増やすだけでなく、貧富の格差を絶望的に拡大するのだ。

その結果、人口は不可避的に減少を始める。

なぜ不可避的かといえば、若者の大部分は貧乏で結婚することができないだろうし、たとえ結婚できたとしても、子どもを育てることができない。できたとしてもおそらく一人だけで我慢をするだろうからだ。絶対的な貧困は、人口を増加させるが、文明社会の相対的貧困は確実に人口を減少させるのだ。

人類の生み出す文明というものには多分限界はない。それはおそらく人類がすべて滅び去るまで発展し続けるだろう。これまでに地球上に栄えた文明がすべて滅びたというのは文明そのものが滅びたのではなく、それを生み出した人々がいなくなった、言い換えれば文明が発展し続けることによって人口が減少し、その文明が維持継続されなくなったということだ。

東西の冷戦は終わって、自由と民主主義が世界を支配している。ＧＤＰの高さを競うことが人類社会の至上の目的であり、それが個人の思考や行動にまで及んでいる。

バブル崩壊後、日本の政府、日銀は経済再生、財政再建を目指し、デフレ経済を克服する道を模索している。そして、経済が多少なりとも陰りを見せるときには、出生率はわずかながら一時的上昇の気配も見せるが、加速している金もうけ文明の驀《ばく》進にブレーキをかけない限り人口の減少を食い止めることはできない。その意味からいえば、日本の政府・財界のやっているのは全く逆のことだ。

文明発展の四つの段階

文明は人類が生存し続けるために不可避的に発生したが、シュメールやマヤなど、歴史上に存在したあらゆる文明はすべて滅びている。

その遺跡や遺物、知的遺産の一部は現代に受け継がれているが、それを創り出した人々は、みんなどこかへ消えていった。彼らはすべて現代文明にも劣らない独特で高度な文明を遺《のこ》しながら、自らは人口の減少を防ぎ止めることができないままに絶滅していったのか。そう考えるとき、今、私たちにとって日本人が滅びつつあるのではないかという危惧は現実味を帯びてくる。

もし人類が文明を持たなかったら、人間は他のすべての動物に交じって、弱肉強食のバランスの中で生きていただろう。しかし、そのまま生き続けていられたかどうかはわからない。人間が他のあらゆる生物の中の最もすぐれた種として存在し、生き延びて来られたのは、文明を生み出す力を持っていたからだ。

だが、もしかするとあらゆる文明は、古代文明がそうだったように、究極的には私たちを滅びに導くものかもしれない。

人類は火を起こす程度の文明しか持っていなかったときから、おそらく高い繁殖力を持っていた。しかし寿命は短く、自然と闘って生きのびる力が弱かったために、一人でも多くの種を増やさなければならない。それで地球上の人口はゆっくりと増えていった。経済はそれぞれの地域に限定され、わずかな近隣の地域同士で、せいぜい物々交換の域を出ない貨幣が流通する程度だったことだろう。

「多産多死」、それが文明未発達の第一の段階だ。

人口が増えれば生き続けるためにそれだけの食料をつくり出さなければならない。生きるための必要から文明が生まれる。

自然の植物や木の実の採取と鳥や獣の狩りだけではなく、農耕や牧畜ができるようになると、食料生産のための道具も進化して工業も発展し始める。人口は文明の開け始めた地域で次第に数を増やしていった。生産が高まると商品経済が発達して、需要と供給の活力が各地で国家の誕生と繁栄を生み出し、富の拡大と繁栄を目指して国と国との争いも頻繁に起こるようになる。人口は疫病や戦争、そして自然災害などによって多大の損害を受けながらも、強い繁殖力に支えられて増え続ける。

そして、科学文明が進んで産業革命やエネルギー革命の時代がおとずれると、生存に必要な物資や豊かな都市生活を生み出す生産力の高まりと医療の発達が、文明社会をその発展の第二期、「多産少死」の段階に推し進めていく。

この時期から、人口は爆発的に増え始めるが、しかし、すべての人類に文明の恩恵が及ぶわけではない。高度に発展した資本主義経済は、人類社会を膨大な富を独占するごくわずかな富裕層と、繁栄の外に見捨てられた膨大な貧困層に分けながら、なおかつ発展を続けるために、収益の手段と新しい消費市場の開拓を模索し、さらに繁栄の行き詰まりを打開する手段を未来社会に求めようとする。

二十世紀の初頭にアメリカの資本家は過剰に生産したミルクをハドソン川に流したが、世紀末には貧乏人に貸し付けたローンを回収するためにそれを債権に細分化して金融市場にばらまき、世界中に経済恐慌を引き起こした。

先の見えない金融資本主義が世界経済を支配する中、肥大化した富と拡大する貧困との格差が、社会の安定と平穏の上に影を落とし始める。そして人口の減少は、貧困というよりはこの貧富の格差によって、とどまるところなく進み始めるだろう。それが文明発達の三番目の「少産少死」の段階だ。

歴史は古くから規模や内容の違いはあっても、常に文明のこうした段階を繰り返してきたと思われる。

日本でいえば女王卑弥呼のころの六十万人程度の人口が、奈良時代の西暦七二〇年に『日本書紀』が編纂《へんさん》されるころまでには四百五十万人、そして公家の政治から鎌倉幕府の武家政権へと権力が移行する一一九二年までに七百五十万人と増えたが、この間の増加率は一年にせいぜい八千人程度、戦国時代を経て江戸に至るまでにやっと年一万五千人、それが江戸の三百年になると、さすがに太平の世の中で年間の増加率は十四万人を超える。

明治以後、産業革命の波は日本にも波及して文明開化の第二段階に入ったにもかかわらず、拙速に欧米の列強に追いつこうとする日本の軍国主義が無謀な他国への侵略戦争政策によって国家社会の自然な発展を阻害し続け、そして一九四五年、国はいったん破綻する。

日本における開闢《かいびゃく》以来の文明の発展はそこで中断するが、国土は焼け野原と化したとはいっても、社会全体が原始に戻ったわけではない。ひとたび地球上に発生した文明は絶滅を迎えるまでは、水が高い所から低い所に流れるように広がっていくからだ。

第二次大戦後の日本とドイツの復興の目覚ましさは、二十世紀の奇跡のように言われるが、それは敗戦によってリセットされたところからの再出発であり、そこに流れ込んでくる既存の文明を阻むものは何もなかったからだ。

戦争によって失われた日本の人口は、わずか一年で復活した。その後の人口の増加のペースは年におよそ百万と、順調に進んできた。

ところが、その後半世紀を過ぎて、日本の人口増加は一九九〇年代から横ばいとなり、二〇〇四年をピークに下がり始めて、それまではどちらかといえば「長寿国」という意味で受け取られていた「少子高齢化社会」という言葉が、やっとわずかながら警戒感をともなって使われるようになってきた。

それは主としてそれまではずさんな管理体制のまま放任されていた年金制度が少子高齢化社会に対応できるかという懸念から生まれてきたのだが、それがなぜ無警戒に放置されていたのかといえば、それはおそらくこの少子高齢化社会というものが、たまたま日本で医療技術が高度に発達して長生きする人が増えた結果だ、くらいに考える人が多かったからだ。そして「少子化」のほうは高齢者が増えれば子どもの比率が少なくなるのも当たり前で、それをまとめて言っているにすぎないとでも思っていたのだろう。

しかし、少子化と高齢化は決して別々に発生するものではなく、それは文明の発達段階の中で生じる人口減少の原因として表裏一体のものだ。少子化も高齢化もたまたま発生するものではなく、文明発達第三の段階である「少産少死」社会として、必然的に出現するものであることに気づいている人はほとんどいなかったのだ。

高齢化社会が医療の高度化によるものであることは容易に理解できるが、少子化も文明の発達が生み出す富の集積と貧困との格差によって必然的に起こってくるということはすでに述べた。

貧困と富は対極にあるが、それは別々に独立して存在するものではなく、社会が生み出す経済的な価値が不平等に分配されることによって同時に現れる。

人類以外の生物の世界に富と貧困が存在しないのは、彼らには所有や経済的な活動がないからだ。富とは他人の所有を越える所有の堆積であり、その堆積は、無数の他人に与えられる可能性を独占することによって成立する。その独占に成功した者が富み、与えられるはずの可能性を奪われた者が貧者となる。したがって富がなければ貧困がない。逆に言えば貧困がなければ富も生まれない。貧困が富の土壌であると言うことができる。

つまり、貧乏人がいなければ金持ちも生まれない。金持ちの懐に入っていく金銭や財物は紛れもなく、すべての貧乏人の小さな財布から支払われたものなのだ。

もちろん、貧困という概念は相対的なものであり、人間の生活は国や地域、さまざまな環境によって違う。したがって、これを一概に言うことはできないが、一般には「人間にとって必要最低限の生活ができない状態」を「絶対的貧困」といって、国連に具体的な定義がある。

国連総会の補助機関として「国際連合開発計画（ＵＮＤＰ）」というのがあり、その「二〇〇〇年度人間開発報告書」によると、一日一ドル以下の生活を絶対的貧困としている。世界銀行の定義も「一人あたりの年間所得が三百七十ドル以下の生活」と定義していて、ほぼ同じだ。

いっぽうで、相対的な貧困の定義はＯＥＣＤ（経済協力開発機構）にあり、統計学的な定義が、「等価可処分所得（世帯の可処分所得を世帯人員の平方根で割って調整した所得）の中央値の半分に満たない」生活を貧困とし、その割合を相対的貧困率としている。

「等価可処分所得」というのはわかりにくい言葉だが、「収入」から税金や社会保障料など支払い義務のあるものを引いた残りを「所得」といい、自由に使えるという意味で「可処分」がつき、さらに家族で暮らしている場合は、その家族数で割っては家賃や光熱費などが二重払いや三重払いになってしまうから、便宜的に平方根で割って一人当たりの「等価」所得が計算できるという仕組みだ。

厚生労働省のデータによると、二〇〇九年の日本の等価可処分所得の中央値の半分は年額百十二万円で、相対的貧困率は一六・〇％となっている。単純に考えれば、月に九万三千円以下で暮らしている貧困者が家族を含めて二千万人いるという計算になる。

そして、世界三十四の先進国が加盟するＯＥＣＤが二〇〇九年に行なった調査では、加盟三十カ国の相対的貧困率の平均は一〇・九％で、最も高い国はイスラエルの二〇・

九％、二位トルコが一九・三％、三位チリの一八・五％に次ぐ四位が日本の一六・〇％だ。

翌二〇一〇年には前年に記録のないメキシコが二〇・四％とトップで、同じくアメリカが四位の一七・三％となっているが、非公式の話で日本はこの年二位にランクされていたという。

数字から見て、これらが貧乏人の多い国だということになるが、国が貧乏だということではない。むしろこれらは、ＧＤＰが世界約二百カ国中一位のアメリカ、三位の日本が含まれていることからわかるように、その多くは文明の高度に発達した先進国だ。

すでに述べたように、貧困というものは経済の繁栄、文明の発展が生み出すものだから、ＧＤＰ世界三位の日本の貧困率の高さが世界四位であっても不思議ではない。

だが、それでいいのだろうか。

文明は今もなお、そしてこれからも、おそらくは崩壊に至るまで、絶え間なく発展し続ける。

二十一世紀に入った現在、私たちの文明は、どうやらその第三の少産少死の段階をいつの間にか通り越して、第四の最終段階の社会に入ってきているようだ。日本では二〇一三年に六十五歳以上の高齢者が総人口の四人に一人の割合になっているため、今後も生産年齢人口の減少が続けば大変なことになるのだが、国民の間にはまだそれほどの危機感が生まれているとは思えない。

であるにもかかわらず、事態は進んで文明崩壊の段階ともいえる、第四の「少産多死」がすでに始まっている。

その明確な徴候が、二〇一二年の暮れに放送されたNHK「クローズアップ現代」の「お葬式が出せない」というタイトルで表れた。

火葬場が足りなくて、どこでも一週間、十日と待たされるという内容だ。人手が足りないのではなく、火葬炉が足りない。増設、新設しようとすれば周囲に反対される。

総理府や厚生労働省の発表している数字で見ると日本の人口の自然減は二〇〇七年から本格的に始まっていて、出生者数は一九七四年以来、バブル崩壊による経済不安の四、五年やリーマン・ショック前後の一、二年に例外的に増えただけで、一貫して減少している。

人口が減れば死亡者も減ると考えがちだが、そうではない。

戦後一貫して死者をはるかに上回ってきた出生者は二〇〇五年ごろにほぼ同数となり、すぐに逆転した。出生者の減少は年間一万人から二万人の程度だが、年間の人口減少は逆転後急激にその差を広げ、二〇一〇年に十万人、二〇一一年からは二十万人を超えている。

厚労省の人口動態統計によれば、二〇一三年の年間推計で出生者が百三万一千人と過去最少を記録するいっぽう、死亡者は百二十七万五千人と二十四万人以上多い。その結果、人口の自然減は二十四万四千人で、七年連続で過去最多を更新中だ。人口の自然減が十万、二十万と多いのは、一九七九年には死亡者の約半数だった七十五歳以上の高齢者が二〇〇八年以後は死亡者の三分の二を占めるようになったからだ。つまり、まさに「少産多死」の最終段階が始まっている。どの段階にも共通しているが、「量的な変化」はゆっくりしているが、「質的な変化」は速い。文明の崩壊は多分、突然にやって来るのだ。

そして、その変化の先端にいる、日本人が滅亡に向かい始めたという危惧を払拭《ふっしょく》する道はあるのか。

それを探るために私たちは、人口の減少を引き起こす現代の「貧困」を検証し、その解決の方法を考え出さなければならない。もしかしてこの貧困が解消されれば人口減少の急激な進行は回避され、現代文明の終焉《しゅうえん》がいくらかでも遠のく可能性が出てくるだろう。

繁栄の自由

文明に四つの発展段階があり、現代が「少産少死」の第三段階を通過中であることは、先進国といわれるほとんどの国々の「期間合計特殊出生率」が二以下か、あるいは「人口置換水準」が二・〇七以下と、人口減少の傾向を示していることでも明らかだ。

何を基準に先進国と言うかについての定義はないが、もしも「文明の発達と経済の繁栄が貧困と人口減少を生み出す」という原理を認めれば、逆に「人口減少の始まっている国が先進国である」ということができる。

ＯＥＣＤにはこの出生率に関して二〇〇五年に調べた国連加盟百五十四カ国のデータがあり、それはまさにこの原理と一致している。

その一覧表を見ると出生率の最も高いのはサハラ砂漠の南の端にあるニジェール共和国で、七・六七だ。二位はウガンダ、三位はギニアビサウ、この三つの国が出生率七を超えていて、いずれもアフリカにある。次いで出生率六を超える国が六つ、五を超える国が十六カ国あって、これら二十五カ国も唯一中東のイエメンを除いてすべてアフリカだ。一人当たりのＧＤＰは年額千ドルから二千ドルで、二千ドルを超える国も三つあるが、千ドル以下の国が九つもある。

国連が二〇〇三年に行なった開発の度合いを示す調査によると、百七十五カ国のうち最低ランクの二十五国がすべてアフリカの国だったという結果もこれとほぼ符合している。

アフリカには五十四の国家と十五あまりの地域があるが、出生率一覧表の続きを見ると出生率四の十二カ国のうち八カ国、出生率三の二十六カ国のうち十カ国がアフリカにある。総括すると、世界で出生率が二を超えている国が百二あるうちの四十六カ国がアフリカだ。

文明はこれらの国にまだ恩恵をもたらしておらず、経済の繁栄も貧困を生み出す富もない多産多死の段階で、地球人口の爆発的増加を助けている。

しかし、アフリカのすべての国が文明未開の状態にあるわけではない。

アフリカで最もGDPが高いのは南アフリカ共和国で、世界ランキングは三十三位、次いでナイジェリア三十八位、エジプト四十二位、アルジェリア五十一位、アンゴラ六十一位、モロッコ六十二位など、ヨーロッパのハンガリーやスロバキアなどと肩を並べる新興国家がある。しかし、ハンガリーやスロバキアなどヨーロッパ諸国の出生率が一・三二、一・二四と人口置換水準を大きく下回って少産少死の傾向を示しているのに対して、これらアフリカ富裕国の出生率はいずれも高く、多産少死の状態が続いている。

結論的に言えば、アフリカ諸国の中で出生率が人口置換水準を下回っているのはGDP世界八十二位のチュニジアだけであり、対照的に、OECD加盟三十五カ国の中で、それを下回っていないのはイスラエルの二・八二とトルコの二・一九、そしてメキシコの二・一一の三カ国だけだ。

OECDは、日本語で「経済協力開発機構」というように、高度な経済成長を達成することで世界経済の発展に貢献することや発展途上国経済の健全な拡大に貢献すること、世界貿易の無差別的な拡大に貢献すること、といった三つの目的に賛同して集まった国の機構で、富裕国ばかりが集まっているわけでもなく、また途上国は加盟おことわりなどということもないが、一般には先進国の集まりのように考えられている。

誤解してほしくないのは、アフリカの国だから文明が未開であり、OECDに加盟しているから文明国というのではないことだ。あくまでも、「期間合計特殊出生率」というものが、文明開化の度合いを示している、あるいはむしろ、それが文明破綻の日の近さを表しているということだ。

また、一般に文明国が富裕であり、文明未開国が貧しいと言われるが、ＧＤＰが高いのに貧困率も高い日本やアメリカ、そしてＧＤＰが高い割には貧困率がそれほど高くないヨーロッパの文明国があるいっぽうで、ＧＤＰがそれほど高くはないのに貧困率の高い国もある。

例えば、貧困率トップのイスラエルのＧＤＰは世界三十七位、貧困率四位チリのＧＤＰは世界三十九位、貧困率二位三位のメキシコ、トルコはＧＤＰが十四位、十七位だ。

こうした貧富の差を文明の発展の度合いから見るならば、文明の進んでいる国ほど経済が豊かであり、同時に貧困率も高いという、一見矛盾したことが原則として存在する。なぜなら富裕は貧困から生まれるという原理が動かしがたいことだからだ。

この原則から見れば、ＧＤＰ世界三位の日本の貧困率が六位あるいは二位であっても不思議なことは何もないし、同様にＧＤＰ世界一位のアメリカが貧困率五位であるのも自然なことだ。しかし、ＧＤＰがそれほど高くないイスラエルやメキシコ、トルコ、チリなどが貧困率の一位から四位までを占めるというのは自然だとは言えない。

これらの国には何らかの特殊な事情があると考えざるをえない。例えば他国との戦争や国内紛争が続いているとか、独裁専制の政治や軍部の政治介入が長期間続くといったような、普通の国にはない特別な事情が、その国の経済状態に影響を与えているだろう。

経済の繁栄はＧＤＰが尺度となり、貧困は貧困率で表される。いっぽうで、繁栄と貧困の格差を表す「ジニ係数」というものがある。

これはジニというイタリアの統計学者によって考案された、どのような不平等も存在しない状態をゼロ、一人の人間がすべての富を独占する状態を一として、社会における所得分配の不平等を表すものだが、これを百分率で表すこともできる。

グローバル・ノートという国際的統計機関が二〇一四年に発表したジニ係数の国際比較によると、最も高いのはチリの〇・五一であり、二位メキシコ、三位トルコ、四位アメリカ、五位イスラエルと続き、日本は十一位で〇・三四だ。

しかし、日本の厚生労働省の発表では、二〇一一年の日本の「所得再分配前のジニ係数」は〇・五五で過去最大になっている。「所得再分配前」というのは年金や医療などの社会保障にかかる「再分配」を行なう前の所得のことで、この数値が高くなったのは高齢者と低所得者層の増加が原因だという。

二〇一〇年からGDP世界二位を維持している中国が国際比較の中に入っていないのは、中国政府の設定している貧困線の基準の根拠も恣意《しい》的で発表される数字も信用ができないからだが、現実はおそらくメキシコやイスラエルに並ぶ高さにランクされてもおかしくないのではないか。

そうした特殊事情のある国を除けば、現状は日本こそがアメリカに次ぐ二番目の貧富格差国かもしれず、もし日本の経済界が渇仰《かつごう》するアベノミクスの露骨な金持ち優先政策が成功すれば、アメリカを抜いて世界一の「格差大国」になるかもしれない。

そしてこの貧富の「格差」が先進国の「相対的貧困」の本質であり、日本の人口減少の最大の原因なのだ。

この「格差」は貧困そのものよりも人々の生活に深刻な矛盾と圧迫を与えていると思われる。

各国の文明度を比較するには経済的な指数ばかりではなく、民主主義的要素とか男女平等指数とか国際比較にはいろいろなものがあるが、それらを総合して、どんな国に住む人たちが幸せなのかという「幸福度指数」のランキングがある。この種の調査はそれまでにもオランダの大学などでやっていて、ランキング上位の常連は北欧三国やスイスなどが占めていた。ところが、それを二〇〇六年に日本のメディアが伝えたとき、日本は百七十八カ国中九十五位でアジアでは最低だったので、多くの日本人はショックを受けた。

そのランキングはイギリスの環境団体が作っていて、その後も毎年のように発表されているらしいが、二〇〇九年の発表では日本は七十五位に上がっている。わずか三年で二十位も上がった主な理由はこの年のランキング対象が百四十三カ国で、二〇〇六年の百七十八カ国に比べて三十五カ国少ないことにある。

この時期に日本の政権交代があったが、そのことは関係ないかもしれない。もちろん国民の幸福度を計るのに明確な基準があるはずもなく、一党独裁の中国の幸福度が三十一位から二十位と日本よりはるかに高いことや、二〇〇六年に一位だったバヌアツ共和国がその後は名前が出なくなっていることなどから、信頼度の高いものとは言えない。

さらにこのランキングはＧＤＰのランキングとは趣を全く異にしていて、経済的な繁栄とか文明度の高さなどというものは人類の幸福とはほとんど縁がない、殊にいわゆる資本主義的自由経済によって築かれた西欧文明は、むしろ人類を不幸な生活環境に追い込みつつあるのだと言っているように見える。ＧＤＰの二〇一三年ランキングが二十位までの国家で、二〇〇九年の幸福度ランキングの中に入っているのはブラジル（九位）、サウジアラビア（十三位）、インドネシア（十六位）の三国だけだ。そしていわゆるＧ７と呼ばれる世界の主要国で、この幸福度ランキングの五十位までに入っている国は一つもない。世界のＧＤＰトップのアメリカに至っては百四十三カ国中百十四位だから、この統計を作った人たちには文明というものに対する偏見があるのではないかとさえ思ってしまう。

しかし、角度を変えて見直せば、高度な文明国家には必ず経済の繁栄と富裕があり、同時にその対極には貧困があって、その富裕と貧困の格差がさまざまな形で人々を苦しめているという現実が、このランキングに表れているといえるだろう。

いっぽう、「幸福度」には客観的に測ることのできる明確なよりどころがないが、これとは反対の「不幸度」にはそれを測ることのできる数字がある。それは、それぞれの国の自殺者の数だ。

自殺には必ず理由がある。しかし、すべての自殺者の理由を知ることはできない。日本政府の統計資料によると、二〇一三年には日本人の自殺者数は二万七千人あまりあって、その七割四分は原因がわからないが、わかっている原因で最も多いのは健康問題の五〇％で、次が生活苦の一六・八％、次いで家庭の問題一四・一％、勤務上のトラブルや学校でのいじめが八・六％と続く。

そのほかに男女問題が〇・三％あるが、これと家庭の問題を省けば、残りの七五・三％は、決して個人の事情として見逃すことができない。健康問題が五〇％だというが、自殺者の半数が病苦で自ら生を絶つということが文明国にありうるだろうか。回復の望みがなかったとしても高度の医療と介護が保障されていれば自殺は防げるはずだ。

職業別の統計では無職者が六〇・三％と最高で年齢別の統計では四十歳から六十九

歳までの社会の中堅、男女比は三対二と家庭の大黒柱の世代が半数を占めるこれらの自殺者たちに日本の貧困と格差が無関係であるはずがない。

さらに言えば、家庭の問題にしても男女の問題にしても、社会と無関係でトラブルが発生するということは少ない。どこの国でも自殺者の多いことは不名誉なことであり、その認定や原因の確定を社会の不安定に結びつけることは望まないはずだから、例えばロシアではウオツカの飲み過ぎによる自殺は事故死になるのかもしれないが、それを社会的原因に数えることはしたくないに違いない。

本来、自殺という異常な生活現象は本質的に社会のストレスによって生じるものだ。そのストレスが発生する原因は国によっては多少の特殊事情があるにしても、大部分が経済的な貧富の格差から生まれていること、そして、その格差の大きさがその国の文明の高さと比例していることも否定することはできないだろう。

ＷＨＯ（世界保健機関）が二〇一二年のデータとして発表している自殺者の推計一覧表は世界百七十二カ国を対象に、十万人につき何人の自殺者があったかという自殺率を順に並べたものだが、一位は北朝鮮の三九・五で、二位は韓国の三六・六だ。この種の統計に北朝鮮の数字が出てくるのは珍しいが、韓国は長期推移のグラフで見ると一九九五年まではイギリスやイタリア並みの一〇以下だったのが、それ以後急に右肩上がりとなり、二〇〇八年から三〇を超えている。この二国のほかに三〇を超えているのはガイアナとリトアニアしかない。

この年の順位としては、日本は九位で自殺率は二三・一だ。日本には二〇一三年の新しいデータがあって自殺率は一八・五、それで比較すれば十二位となる。

自殺率が二〇を超えているのは朝鮮半島や日本のほかにはロシアやハンガリー、ポーランドなど十二カ国で旧社会主義国が多く、西欧など宗教的に自殺が禁じられている国々はフランス、アメリカ、スウェーデン、オーストラリア、ドイツ、カナダなどがOECDの主要国としては高いほうだが、自殺率二〇以下一〇以上の五十二カ国の中に入っている。イギリスは九十五位、イタリアは百一位で、自殺率は六・九、六・四と低い。

当然のことながら、この自殺率ランキングは先に記した「幸福度ランキング」と逆対称の関係にあって、幸福度三位のジャマイカが自殺率一・二でランキング百六十六位、幸福度十三位のサウジアラビアが自殺率〇・三の最下位で百七十二位にいるということからも、「不幸度ランキング」と言ってもいいものだ。

日本の自殺者の実数は、厚生労働省の資料では前述の二〇一三年が二万七千人で、この二〇一二年もほぼ同じだが、その前年までの自殺者は一九九八年以来毎年三万人以上と、交通事故死の三倍を超えていた。一九九九年の統計にはそれまでの五十年間のグラフがあり、それを見ると日本はハンガリー、ロシアに次いで第三位。日本は二〇〇二年の世界精神医学会の推計で実質第一位とされていたこともある「自殺大国」なのだ。

以上を総括したときに、ＧＤＰが世界三位と経済的な繁栄のトップクラスにある文明先進国日本は、同時に貧困率が世界四位と高く、貧富の差は世界十一位の格差大国であり、客観的な幸福ランキングは九十位と低く、不幸度ランキングはそれに対応して九位と高い。そして、それらの負の要素は世界で下から十番目という出生率の低さに集約されている。

この負の要素を生み出しているものは何か。

それは「繁栄の自由」だ。

世界は自由と民主主義を謳歌《おうか》しているが、それは国家が抑圧と独裁で維持されていた時代には人類の希望であったけれども、現代では薄汚れて、欺瞞《ぎまん》に満ちている。繁栄は誰によっても妨げられるものではないかもしれない。しかし、それはその対極にある滅亡や衰退を代償にしている。繁栄の自由は多くの不自由を踏み台にすることによってのみ成り立つものであり、これを封じない限り現代文明を救うことはできないのだ。

私たちの現代文明は繁栄し、まさに最終段階の「少産多死」の時代を迎えようとしている。そのことに気づかず安逸に日を過ごしている限り、私たち日本人に絶滅の未来が遠のくことは期待できないだろう。

第二章

「純粋な」日本人

日本人のナショナリズム

近来、特にアジアやアフリカで、日本人に関して危惧されていることが、もう一つある。それは一部の日本人がよく使いたがる「純粋な日本人」という表現にあらわれがちなナショナリズムの台頭だ。この種の日本人に対しては絶滅とは逆に、その繁殖が近隣のいくつかの国で懸念されている。

政府、財界が進めたがっている移民の受け入れに反対する人たちの主な理由は、「純粋な日本人」が少なくなっていくということだが、しかし「純粋な」日本人というのは、果たして存在するのだろうか。

こういう人たちの「人種的な純粋さ」というものは、皮膚や目の色に対する違和感というよりは、根拠のない民族的な優越感とそこから生まれてくる他民族に対する侮蔑ないしは差別意識に基づいている。

この誤ったナショナリズムは、誰にも干渉されないウェブサイトのツイッターやブログなどには日常あふれているが、現代の熟成した日本の民主主義社会の公の場所でも折にふれて顔を出す根強さを持っていて、例えばスポーツのイベントなどで「日本人以外入場お断り」という張り紙を貼ったり、あるいはデモを組織してヘイト・スピーチを街頭でばらまくといったことが繰り返されるのは、基本的に日本の今の政治がそういうものを基盤にしているからだ。

だから日本では、学校教育でも社会教育でも民主主義の確立のために狭隘《きょうあい》なナショナリズムを克服するための本格的な努力が行なわれたことはない。政府はうわべや口先で民主主義をとなえ、国民もまさか軍国主義が復活することはないと思っている。

現に、東西の冷戦が終結したのち、世界のイデオロギーが自由に解放された結果、地域の紛争に歯止めのきかない状態が続いているなか、日本の政治も二大政党論が瓦解して小党乱立の様相を呈している。そして中には、戦争を放棄したはずの日本に軍事力の復活を目指すかのような政策を掲げる政党も出てきた。

その象徴的現象が政府閣僚の靖国神社参拝だ。

靖国神社は一八六九年に、幕末から明治維新にかけての事変で国のために、というよりは朝廷のために戦って斃《たお》れた人たちの霊を祀《まつ》る「招魂社」として建てられ、その後、靖国神社と改称して朝鮮半島や台湾への出兵から日清、日露と続く戦役での戦没者を祀る別格官幣社となった。戦後は政教分離によって国の管理を離れ、宗教法人として戦没者遺族の組織や神社を奉賛《ほうさん》する組織がその支持母体となった。国民の戦時回顧と戦死者の冥福を祈る代表的な場所とされているが、それが戦争と平和に対する国民の意識にどんな影響を与えているかについては、見過ごすことのできない問題がある。

特に一九七五年の終戦記念日に当時の内閣総理大臣が「個人の資格で」靖国参拝を初めて行ない、一九七八年に靖国神社が、先の大戦で戦争犯罪人として断罪された十四人のA級戦犯を「昭和の殉難者」として合祀してから政教分離の議論が盛んになった。地方自治体も含めて国が宗教活動にかかわることについての訴訟も行なわれ、首相が公的資格で靖国の参拝を行なうことは違憲とする判決が各地で出された。

この間、A級戦犯の靖国神社への合祀が、かつての太平洋戦争でアジア諸国の人民に与えた損害や苦痛に対する日本の反省とは逆行するものではないかという疑問が国民の間から出ていたにもかかわらず、政府は政教分離の原則を逆手にとって、神社に不干渉の方針を保った。そして一九八五年に中曽根首相が閣僚多数をひきいて、それまで数年はさしひかえられていた公式参拝を行なった時から、これが近隣諸国の不信を招く歴史認識の問題として、中国の公的な批判が始まった。以後は首相や閣僚の靖国参拝が行なわれるたびに、中国をはじめとする東アジア諸国からの批判の声が上がるようになるなかで、外交上の支障が生じるのを承知のうえの靖国参拝が続いている。

これらのことは、国内でナショナリズムの復活を目指す保守的な人々によって、戦犯合祀のはじめから計算されていたことなのかもしれない。政治家たちは陰に陽にその圧力を受けながら彼らの筋書きに従って行動してきたように思われる。そして、国の内外で巻き起こったこうした日本の政治に対する批判に、与党政治家の保守的体質はかえって反発を強めているようだ。

小泉内閣以来八年ぶりに行なわれた安倍首相の靖国参拝は、領土問題でこじれている中国や韓国に加えて、台湾やシンガポールなどのアジア諸国、さらにはロシア、E

Uなどからも非難の声明が出ているが、これまではどちらかといえば日本の国内問題としてきたアメリカが駐日大使館や政府当局者を通じて、この時期の靖国参拝がアジア諸国の緊張を悪化させるとして失望感を表明したという点は軽視できない。

国連の潘基文《バンギムン》事務総長はこの歴史認識に関する日中の軋轢《あつれき》について、「共有する歴史について、共有の認識と理解を持つことが必要」と言っているが、日本の政治家たちは「戦場で散った英霊の冥福を祈ることは、世界共通のリーダーの姿勢である」とする安倍首相の的のはずれた弁明を盾にして、問題の本質を無視している。

では、問題の本質とは何か。

国連の潘基文事務総長が求める「共有」しなければならない歴史認識とは何かと言えば、それは一九九五年の終戦記念日に当時の村山首相が行なった、「植民地支配と侵略によって多くの国々、とりわけアジア諸国の人々に多大の損害と苦痛を与えた」ことに、「痛切な反省の意」と「心からのお詫びの気持ち」を表明する談話の内容そのままだ。

これを素直に受け入れることに抵抗がある人もいるだろう。半世紀年以上も前の人たちがやったことに、たとえそれが犯罪的な行為であったとしても、なぜその子孫が責任を取らなければならないのかとか、過去の戦争はアジアを植民地支配から解放し、平和な共栄圏を作るためのものだったとか言う人もいるだろうし、それはそれとして、「国のために戦場に散った英霊の冥福を祈ることはどこの国の指導者にも共通」という政治家の言葉をうのみにして、日本人としての純粋な気持ちから行なう靖国の参拝が、なぜ干渉や非難を受けるのかと開き直る人もいるに違いない。

それについては中国がその都度述べている、「A級戦犯が合祀されている靖国神社に日本の首相が参拝することは、中国に対する侵略戦争を正当化することだ」という言葉に耳を傾ける必要がある。

さらに中国が「日本の侵略戦争の原因と責任は日本軍国主義にあり、日本国民にはない。しかし、日本軍国主義は極東国際軍事裁判で除去された」と説明している内容を正確に吟味しなければならない。

すべて物事はどんな立場からどんな背景のもとに見るかによって違ってくる。

中国には四千年、五千年の歴史があり、どの国にも建国の原点があるが、現在の中華人民共和国という国家の原点にあるものは神話や易姓革命ではなく、外国の帝国主義的軍事侵略に対する人民の勝利というところにある。その十五年に及ぶ日本の、中国に対する侵略戦争を大東亜共栄圏建設のための正義の戦争などと主張するのは、単なる歴史の誤認や歪曲の問題ではなく、中国人にとっては建国の原点の抹殺であり、中国という国家そのものの存在を否定することにつながってくるのだ。

したがって、政治に無関心な一般の日本人が「人間死ねばみな仏」と、安易な仏教精神でA級戦犯に手を合わせることは、中国人にとって絶対に許せない。それは決して国内問題として済ませられることではなく、国際問題としてのみならず、人道と正義の理念からも、誰にも許されることではないのだ。

戦後七十年もたって、中国が改めて南京事件の「追悼記念日」と「抗日戦争勝利記念日」を国家行事に格上げしたのは、日本の政府首脳が靖国参拝をやめないことに対するいらだちにあるが、日中関係が必要以上にぎくしゃくしているのは、中国が「日本の侵略戦争の原因と責任は日本軍国主義にあり、日本国民にはない」と言っていることが、日本人にはよくわからない。中国人が「日本軍国主義」と「日本国民」とを明確に区別しているのに、日本人にはその区別ができないというところに原因がある。

続けて中国は「しかし日本軍国主義は極東国際軍事裁判で除去された」とはっきり言っている。これは、日本軍国主義というようなものはすでに完全に抹殺され、「今ではどこにも存在しない」ということで、たとえ日本の自衛隊が世界十位の軍事力を持っていたとしても、それを日本軍国主義の復活だとは言ってはいない。

だからといって、中国が、例えば日本の安倍内閣が集団的自衛権の見直しについての閣議決定や特別機密保護法の制定を行なったり、さらには憲法の改正をしようと意図していることについては、これらがやがては軍国主義の復活につながっていくのではないかと警戒していないはずはない。「その復活を許すような事態をつくり出してはならない」という意味が、この「除去された」という文言に含まれているだろう。しかし、その復活の象徴的な兆しが「政府閣僚による靖国参拝」なのだ。

それではここで、「日本軍国主義」と「日本国民」とはどう区別されるのかを考えなければならないが、具体的にはＡＢＣ級の戦犯とされた人たちとそれ以外の軍人を含む一般国民とが区別されている。しかし戦犯とされた人の中にも侵略戦争には反対する者がいただろうし、軍隊や一般民間人の中にも「忠誠勇武」の志のあふれる「愛国者」がいれば、ひそかに反戦や「徴兵忌避」の意識を隠しながら戦争に協力せざるを得なかった人たちもいたはずだ。おもてだって軍部に反対するものはすべて監獄に送られたのだから、戦争は「挙国一致」で進められた、日本国民がみな軍国主義だったとみなされても仕方がないという人もいるだろう。

しかし、それは違う。

靖国に参拝する国会議員や政府閣僚は、政治家になる以前から毎年参拝を続けているのかどうかは知らないが、メディアのインタビューを受けると決まって、「国を守るために命を捧げた護国の英霊に崇敬の念を持って心から感謝の誠を表し、その冥福を祈る純粋な気持ちで参拝をした」と言い、「これはどこの国でも共通の、純粋な国民感情であって、外国からの干渉や抗議を受ける筋合いのものではない」と開き直る。まるで参拝のセオリーとマニュアルを誰からかもらって、それを暗誦《あんしょう》しているかのようだ。

中国その他多くの国々が日本の政治家たちの靖国参拝に示している抗議や懸念は、

こうした「護国の英霊に対する感謝の誠を表す」ことに向けられているのではなく、日本国民の「戦犯に対する擁護と崇敬の念の復活」に向けられていて、これが国内の問題ではなく、侵略的軍国主義の復活につながるから抗議をしている。一九七八年に戦犯の合祀がなかったら、まったく抗議も懸念の必要もなかったのだ。

おそらく、日本のずるがしこい政治家たちは中国のそういう言い分を百も承知していながら、素知らぬ顔で見当違いの弁明を続けているのだが、そのへんのことが国民には十分に理解されていない。しかし、理解しようとする気もなく、軍国主義も「お国のため」だった、A級戦犯はすべての責任を背負って、潔く処刑台の露と消えていった、「純粋な」日本人ならその人たちの冥福を祈って何が悪い、と開き直る人たちは、自らを軍国主義者と断じなければならないだろう。

中国もその他の国も、日本人が「護国の英霊に感謝の誠を表し、その冥福を祈る」ことには何の反対もしていないし、当然のことだと考えている。しかし、裁判によって戦争犯罪人とされた者を「護国の英霊」と見なすことは、その犯罪を認めないことであり、日本が自分から発動した侵略戦争を「国難」とすり替えて正当化することになるとして抗議しているのだ。

靖国神社も、さすがに戦犯を「護国の英霊」とは言っていないが、「国難に殉じた」という意味の「昭和殉難者」として十四名の戦犯を合祀したのは「英霊」以上に崇敬の念を込めて特別に遇したということだろう。

インタビュアーの前で臆面もなくこれら戦犯への「崇敬の念」を披露する人たちは、多分、靖国の参拝にとやかく言うのは日本人じゃない、少なくとも「純粋な日本人」じゃないとでも言いたいのだ。もしかすると、いやいやながら戦闘に参加した兵士たちは純粋な日本人じゃないとまで言うつもりかもしれない。

しかし、そうまで言うとなれば、この人たちは進んで戦地に赴いた人こそ真の日本人だ、積極的に戦争を進めたものこそ「純粋な日本人」だと言っていることになる。それはつまり、純粋な日本人なら、これからも侵略戦争を積極的に進めるべきだと言っていることになるのだ。

私たちは過去の戦争が挙国一致で進められたということを受け入れてはいけない。戦争は常に支配者によって起こされる。それは支配者と支配者との争いだ。

それが正義のためのものであっても侵略を目的としたものであっても、支配者の決断と、国民に対する国家の命令によって遂行されるものだ。そして、その中で命を落とすものは、敵と戦うことを「命じられた」国民だ。たとえその戦争に批判的であっても、いやいやながらでも、その戦争の犠牲となったものはすべて「純粋な」国民なのだ。

だから、過去の昭和の時代に「純粋な日本人」を探すとすれば、それは靖国に行けばよかった。ただし、戦犯を合祀した一九七八年までは、だ。

そういう意味で、兵には「生きて虜囚の辱めを受けず」という戦陣訓を押しつけながら、自らは戦場に出ることなくとらえられて戦争犯罪人と断じられた国家指導者たちに「崇敬の念」をはらうことはできない。彼らを純粋な日本人と見なすことはできない。

日本人として何よりも許すことのできないのは彼らが昭和のはじめから戦争の時代を通じて、国民を戦場に駆り立てるいっぽうで、その命令と責任をすべて天皇に押しつけていたことだ。昭和天皇が一貫して戦争を望まず、戦犯合祀に不快感を持っていたことは宮内庁長官や侍従のメモや日記に推察ができるが、合祀以降は靖国への親拝をされていないことに明らかであり、まかり間違えば戦争の最高責任を天皇が負わなければならない事態にまで国家の運命を陥れたことは、それだけでも万死に値する大罪であったことを考えて、彼らをどうして靖国の英霊と同列に見ることができるだろうか。

今、軍国主義は表面的には存在していない。しかし、それは誤った政治によって一部の人々の心の中に潜在し、それに気づかずにいればいつでも頭を持ち上げてくる危険性を持っている。そういう誤ったナショナリズムは、最近の竹島、尖閣の領土問題への自民党政権の対応によってにわかに勢いを増してきたかもしれない。

減少を始めた日本人の中で、軍国主義教育の中で育ち、その復活を望んでいる、政治に無知な、かっこつきの「純粋な日本人」はこれから増えていくのだろうか。少なくともその台頭が、国の内外で危惧されている。

神をおそれる民族

結論から先に言うと、純粋な日本人というのは基本的にあり得ない。

ただ、いつの時代にも「いかにも日本人らしい日本人」というのはいただろう。そして、「日本人らしい」というのがどういうことをいうのかは、きわめてあいまいではありながら、常に共通性を持っていただろう。他の民族とどんな違いがあるのかという点でそれを追究していくことは、できるかもしれない。

まずそれは人種的なものではない。

髪や目の色、皮膚の色での分類はできても、日本人だけの持つ独特な色や体形が特定できるわけではない。ひところはやった血液型の分類で特定することもできない。

ただ、血液型とヒトの性格には今のところ科学的に何の関連も見つからないということだが、二十世紀のはじめにユダヤ人の医学者が発見した血液型の分類によると、日本人がホモサピエンス一般と少し違っているところがある。それは大多数の人類の血液型がＯＡＢの順にＯが最も多いのに対して、日本人や朝鮮人はＡＯＢの順にＡが多い。ついでに言えば、ＡＢ型が一番少ないことは変わらないが、日本人と朝鮮人を含めてアジアではＢ型とＡＢ型の比率が一般の人類と比べてかなり多い。

日本人は人種的にはモンゴロイドだそうだが、古代のモンゴロイドはＯ型で、それは三万年ほど前に南の島伝いに日本にやって来た。そのあと一万五千年ほど前に北方の樺太や北海道から入ってきた新しいモンゴロイドがいて、その血液型はＢだという。そして五千年ほど前から、稲作の技術とともに大陸の南から九州を経由してやって来た人たちが日本人の中で一番多いＡ型だったという。

日本列島が形成されたのは二千万年も前のことだから、すべての血液型が何とかして海を渡ってきたのだ。最後にやって来たのが大陸の南からで、この人たちがＡだったというが、一般中国人の血液型はＯ型が一番多く四六％で、Ａ型はＯ型の半分しかない。

日本人の血液型比率はＡＯＢ、ＡＢの順に、三八、三一、二二、九％で、韓国の三

二、二八、三一、一〇%ともかなり違っているから、独特なところがあるかもしれない。しかし、何が独特なのかはわからない。

わかっているのは、とにかく日本人は海を渡ってやって来たということだ。

太古の日本列島に人類は発生しなかった。もしそれが通説にすぎず、列島がまだ大陸の一部であったころ、すでに人類が住んでいたとしても、その人種の子孫が今日まで生き延びて支配的に繁栄しているなどということはないだろう。

普通に考えて、日本人はすべて、大陸から切り離されたあとの列島に海を渡ってやって来たのだ。その私たちの祖先はどこから来たのか。細胞の中のミトコンドリアをたどっていけば、すべての人類の起源はアフリカに行きつくというから、日本人も二十五万年ほど前に、アフリカで生まれたことにしよう。それがなぜアジア大陸を通って日本までやって来たのかといえば、それは多分、太陽が東から西に回っていたからだ。いや少し正確に言えば、太陽の重力が地球を東回りにまわしていたからだ。そのほうが正しいということはコペルニクスやガリレオが頑張ってくれるまでわからなかった。そしてそれは、十六世紀のことだから、長い人類の歴史から考えれば、ごく最近のことだ。

　すべての生物が光を好むわけではないが、地上の多くの生物のように、ホモサピエンスも、常に光を求めて生き続けた。やがて大脳が発達してものを考えるようになると、光はなぜ毎日東の空に現れて、天空を渡り、西の空の果てに消えていくのかを疑問に思ったに違いない。

　彼らのうちの好奇心の強い者たちが、その光の正体と誕生の現場を見つけようとして、東へ向かう旅を始めたことは十分に理解ができる。山にぶつかればそれを越えるか回り道を探し、海に突き当たれば遠回りをするか島を伝って旅を続けた。もちろんその旅は一つの世代で挫折して終わったわけではなく、やはり何万年もかかって、各地で生存し、繁殖しながら続けられていったのだ。

　この推論が正しければ、日本人の特性の一つは「好奇心」あるいは「探求心」ということになる。

　しかし、好奇心だけでは山は越せても荒れ狂う海はそうやすやすと渡れない。海を渡って新天地を求めるときには相当な決断が必要だったろう。そして、その決断の実行は単独では難しい。実行を補助支援する者が必要だった。決断は一人でもできるが同じ志を持つ仲間が行動を共にしてほしいし、手足となって働く人間も多いにこしたことはない。そういう主従の集団が長い間にたびたび海を渡って日本列島にたどりつき、住みついたに違いない。

こうした経緯を考えれば、私たちの祖先は「決断力」や「冒険と実行力」にも富んでいたし、そして、中心となる人物を助けて物事の達成に力を合わせる人々は「団結」や「秩序への服従」といった習性を身につけていた。

古代、卑弥呼を女王とした邪馬台国のころ日本にいたと推定される六十万人程度の日本人は、みなこのようにして海を渡ったパイオニアたちだったろう。パイオニアといえば聞こえはいいが、多分、それらの多くは戦乱の中で争いに破れ、大陸を追い出されてきた敗北者の群れだった。勝者に追われて住む所もなく、生きるための新天地を求めてやって来たのだ。

だから、彼らは新天地の征服を志すというよりは、ささやかな生き場所を求めるという「謙虚さ」を持っていたはずだ。この追い詰められた人々とそれにつき従う者たちの集団が「渡来人」として次第に大和民族を形成していったのだと思われる。

弥生時代の中ごろ、紀元前一世紀に編まれた「山海経」という中国の伝説的地理書には倭国について初めての断片的な記録があるが、それらをまとめると倭国の南の海にある黒歯国の北の山上に高さが百三十メートルの扶桑の樹があり、十個の太陽がその木から出ていく。九個の太陽は樹下の湯谷の中で水浴びをしていて、一個の太陽が戻ってくると別の一つが飛び立っていく、というようなことが書いてある。

ロマンチックな言い方をすれば、私たちの祖先はすべて「太陽を求めて旅をするさまよい人」だった。

大陸からだけではなく、彼らは南方の多くの島からも熱帯の暑さを逃れてやって来た。北方の寒冷な地方からも、照る日の暖かさを求めてやって来た。これらの人たちは大陸を追われてきた者とは違う「冒険心」と開拓精神の「たくましさ」を持っていたかもしれない。

が、おそらく海を渡って初めて日本列島にたどり着いた者たちが共通に感じ取ったのは、この新しい天地そのものが巨大な生き物のように生きている、ということだったろう。

四方を海に囲まれ南北にのびた列島には四季があり、寒暖の移り変わりの中で自然は時には美しく、時には荒々しく形相を変えた。やさしいそよ風が吹くかと思えば突然稲妻が走り、雷鳴がとどろくと時には大風が山火事を起こし、豪雨が続くと川があふれて山肌をくずす。穏やかな日の光に包まれた野山がだしぬけに激しく揺れ動き、山の頂は火を噴いて岩石を天に巻き上げ、海鳴りとともに津波が押し寄せて家も田畑も、そして人も獣も、枯れ木や小石のように押し流す。

自然の中に神がいる、と彼らはおそれた。

神が怒り狂うときは何をするすべもなく、ひたすらにおそれた。

その神の怒りをなだめようとして、彼らは社を建て、山には山の、森には森の、それぞれの神を祀った。

おのれの力の及ばない「外界へのおそれ」は、大陸を追われて逃れてきた渡来の民の心に、自然にあらがうことを避け、天地を支配する神々に対する服従と謙虚さを深めていっただろう。神々は列島の隅々にまであふれ、その数は八百万にも及んだ。

そして、その万物を統率する太陽神が闇を払い、時には嵐を鎮めて東方の海中から上ってくるのを、人々は敬虔な柏手を打って迎えた。

こうして、私たちの祖先は神とともに暮らすようになった。

好奇心や冒険心、決断と実行力、そして謙虚な服従と秩序の尊重……彼らは力を合わせて野山を拓《ひら》き、水を引き、茅葺《かやぶき》の小屋を建てて棲《す》み、ひたすらに神の加護を願いながら、新天地の邑《むら》づくりに励んだのだ。

神をおそれる民族、それが日本列島が生んだ最も日本人らしい日本人だといえる。

神に対するおそれは現実世界では集団を統率する者に向けられ、強い力を持つものを王として、おのれの安泰をその力に託した。王たちは部族を守るために勢力を拡大しようとして争い戦い、弱い集団は次第に吸収されていく。そしてより大きな集団を支配して王となった者のうち、神と意思を通じることのできる大王が選ばれ、すべての集団を支配するに至って、それが国となり、「倭国」と呼ばれるようになった。

倭国は邪馬台国とも呼ばれ、大陸の国々から見れば、東南の海中に紛々とつらなる矮小な島国だった。

三世紀末の中国で作られた史書『三国志』の中にある「魏書」の「東夷伝倭人条」に、この「東方の蛮人」どもの小さな国の記述がある。それによると、未開の小国でありながら上下尊卑の節度が守られ、盗みはなく、争いも少なく、法を犯すものには裁きも下されていたことがわかる。一夫多妻で日常は裸足という文化の低さだが、風俗は整っていて、男は木綿の布を頭に巻き、いくつかの布を結び合わせた衣服を、そして女性は束ねた髪に布をかぶり、幅広の布の中央に孔をあけた貫頭衣を着ていた。また、桑や蚕を育てて糸を紡ぎ、上質の絹織物を作ってそれを魏の国の皇帝に朝貢した。

礼儀作法があり、敬意を表す時は手を打ってひざまずく。身分の低いものが道で上の人に出会ったときはあたりを素早く見回し、草むらを見つけて身を縮め、地べたに手をついてかしこまった。しかし、四季折々、春耕秋収の酒席の宴《うたげ》では父子男女の区別なく、酒を飲んで楽しんだという。

食べるものはあまり豊かではなかった。稲や芋を植え、生野菜を多く食べた。海辺や川の近くでは水にもぐって魚や貝をとる。大魚や害虫を避けるために顔面や体に入れ墨をしたり朱丹の色を塗っていたのが、のちには化粧の習慣となった。

これらの記述を見ても、古代の私たちの祖先が、常に自分の外にある強い力を意識し、おそれていたことがわかる。しかし、力のあるものは部族を統率して争った。その数は増えて決着はつかず、倭国乱れて暦年ののち、お互いに妥協して「鬼道に長じた卑弥呼」を女王に立てた。そして卑弥呼は国家の安泰のために十人の倭人奴隷を魏の国の皇帝に献上して「親魏倭王」として認められ、金印・紫綬を受けることによって、支配を確立した。

これとは別の「漢委奴国王」という金印が江戸時代に福岡の志賀島で発見されていて、それは卑弥呼の時代を百三十年ほどさかのぼる後漢のころのものだから、倭国はおそらく国家の成立以来一貫して、その王の地位を大陸の天子に冊封されることによって維持していたのだ。

魏志倭人伝は、卑弥呼の死後、一時男王が立ったがすぐにまた内乱となったため、再び壱与という卑弥呼の親族の少女を女王として戦乱を治めたという記述で終わっている。卑弥呼が女王となったのは西暦一七三年ごろで、二四八年ごろに世を去るまで、七十五年間、倭国は平和な小国だったのだ。

その後、五世紀のはじめまでの百五十年ほどは、中国の史書に倭国の記述はない。しかし、この間に倭国は国力をつけ、たびたび半島に出兵して百済や新羅から朝貢を受けるようになった。『日本書紀』には二六九年に三韓征伐を行ない、その時から百済と新羅に加えて高句麗も倭国に朝貢を行なうほどになったという記録がある。

この『日本書紀』に記された年代の真偽ははっきりしないが、西暦四一四年に建てられた高句麗の好太王碑という石碑には百済と和通した倭国が半島に侵入し、新羅が救援を求めてきたので、五万の大軍を派遣して倭国軍を追い払ったということなどが記されているから、このころの戦乱は半島の全土に及び、倭国の軍事力は次第に近隣の諸国を圧迫していったといえる。

しかし、大陸を逃れて渡ってきた私たちの祖先は昔からそのように他国を侵し、征服する戦いの好きな民族だったのだろうか。そんなことはない。神をおそれる者は常におのれの力の及ばざる者への謙虚さと従順な心を持っている。国内では支配権力を振るう大王も外に向かっては大陸の大国に君臨する皇帝とよしみを通じ、朝貢によって己の領土を安堵《あんど》した。

半島に兵を送って諸国とたびたび矛を交えていたのは倭国に渡来した集団の首領たちが、半島に残してきた土地を奪還するためだったろう。

壱与が邪馬台国の女王となってからの、中国の史書から消えた「謎の四世紀」は、倭国の王たちの、半島奪還の戦いが断続した時代だったかもしれない。その戦いは時には倭国が優勢で、百済王が七支刀《しちしとう》を倭国に献上した二七二年ごろは高麗、百済、新羅の三韓が倭国に貢物を送り出す基地として任那日本府を半島南部に置いたほどだったが、その後もたびたび半島出兵が行なわれたということは、その支配が必ずしも安定していなかったということだ。五三八年に百済の聖明王が仏像や経典を贈ってくるなど、百済との交流は続いたが、六世紀の半ばを過ぎて半島の任那日本府はすべて新羅によって滅ぼされ、その回復は倭国大和朝廷代々の悲願となった。

半島での戦乱にかかわっている間、倭国は中国の南北両朝廷への朝貢を続けることで東方諸国を鎮める「東鎮大将軍」の称号を保っていたが、六世紀後半に北朝の魏が東西に分裂し、南朝の宋も滅びたのちに斉や梁などの国が互いに争っていたことが、倭国の権威を低めるのに影響があったことは否定できないだろう。

六世紀末に中国を統一した隋とほぼ時を同じくして倭国大王の位に就いた推古帝は摂政の聖徳太子とともに、倭国に新しい時代を開いた。代々の王がそうしていたように、易姓革命によって国を改めた隋との宗属関係を確立し、あわせてその制度文物を学ぶために遣隋使を送ることを決め、また、聖徳太子は十七条の憲法をつくってまつりごとの基本を示し、その冒頭に「和をもって貴しとなす」という文言を掲げた。

第二回の遣隋使として派遣された小野妹子が「日出ずる処の天子、書を日没する処の天子にいたす」と書いた国書を呈上したときに隋の煬帝はこれを見て激怒したが、このとき私たちの祖先は東アジアの盟主としてのおごりを史上初めて表したといえる。

後世の日本人は「日出ずる処」から「日没する処」という対称に優越を感じるかもしれないが、煬帝は二人とはいない天子という称号を倭国の王が自称したことに腹を立てた。しかし、聖徳太子は隋に対して挑戦的な態度を示したとか相手を見下してものを言ったとかいうよりは、隋のような大国と対等に付き合えるということを誇りに思う気持ちを伝えたかったのだろう。

十七条の憲法については『日本書紀』の編者によって作文されたものではないかとも言われるが、たとえそうだとしても、「和をもって貴しとなす」の文言は、為政者の持つ国家の理念として、神をおそれ、おのれの及ばざる他者をおそれて、争いを避ける人々の倫理として定着したものだ。その「神へのおそれ」こそ、古代の日本人が島国に生きる民族として身につけた最も重要な特性だったといえるだろう。神をおそれる民族、それが日本列島が生んだ最も日本人らしい日本人だといえる。

服従の誇り

南北朝以来の混乱を治めて中国の統一に成功した隋王朝は、二代目の煬帝の独裁と失政により、わずか三十年の治世ののち、臣下の謀反に遭って滅びた。そして新たに興《おこ》った唐王朝がこれに代わった。それまで四回送られた遣隋使は、その後、遣唐使として九世紀の末に至る二百六十年もの長い間、十八回にわたって日本と中国の間を往復し、大陸の進んだ文明を伝え続けた。

この期間の日本と中国の関係は、現代の日本とアメリカの関係に似ているかもしれない。現代のアメリカが日本にとっては最も重要な同盟国として、日本の国際的安全を保障しているように、当時の大和朝廷は唐の冊封《さくほう》こそは受けなかったものの、遣唐使によって朝貢を続けた。唐が事実上の宗主国だったことは明らかで、その権威と影響のもとに日本の国力は発展した。

こうした過去の歴史から見ても、日本人の特性は「自力主導」にはなく、「他力依存」にあると言わなければならないが、それは必ずしも悪い意味ではなく、「他者尊重」の「和」を志向するものであったといえる。

自力独行するとき、多くの場合それは失敗に終わる。半島の任那日本府が滅びて百年後、天智帝は失地奪還のために遠征の大軍を百済に送ったが、新羅と唐の連合軍の反撃に遭って大敗した。宗属の関係にありながら唐と干戈《かんか》を交えたのは、渡来倭人の父祖の地が百済にあったからだろう。その百済は日本軍の敗北後に滅亡する。

唐が衰退して十世紀のはじめに滅びたのち、中国は五代十国時代に入り、北宋が国を再統一するまで各地に群雄が割拠して乱れた。そして、平安時代の末期、朝廷の中枢に上った平忠盛や清盛によって、北宋に代わった南宋による貿易が認められてからは、民間の交易は盛んになったものの、国としての日本と中国の正式な交流はほとんど途絶えて三世紀が過ぎた。

その後の日中関係は、国同士というレベルでは、両国民族としてあまり望ましいとは言えない形で推移し現代に至っている。

まず、中世の鎖国というような日本の状態は鎌倉時代に入っても続いていたが、民間貿易の相手国南宋はモンゴルによって征服される。そして一二七一年に元と国号が変わるが、その前後六回にわたって、元は日本が元に服属することを要求してきた。鎌倉幕府がこれを無視すると、元のフビライは一二七四年の秋に半島の高麗国軍と連合し、壱岐、対馬に大挙進攻してきた。

この「元寇」はその七年後の夏にも繰り返され、このときは前回の四倍にも達する十五万の兵力と軍船四千四百艙《そう》という大軍でやって来て、壱岐、対馬を占領し、博多湾に攻め入って志賀島や平戸島に襲いかかってきた。七年前の最初の元寇ののち鎌倉幕府は北九州や長門に防塁などをつくって備えを固くし外敵の侵入に備えていたから、直ちに応戦して上陸を阻んだ。

歴史書には二度の元寇が台風によって撃退されたような記述もあるが、最初の元寇の「文永の役」は約二週間で、戦闘が続いている間に台風の吹いた記録はなく、元軍は敗退して帰国する途中で暴風雨に遭っただけだ。二度目の元寇「弘安の役」は五月の半ば過ぎから七月の終わりまで、二カ月あまり続いたが、その間日本軍は元軍の本土上陸を許さず、七月に入ってからは壱岐、対馬を奪還、周辺の小島に退いた元軍を相手に海戦を展開してこれを駆逐している。この結果、壊滅した元軍は七月中には撤退を決定し、帰国の直前に台風の直撃を受けて艦船の大損害を受けたというのが実情だ。

二度にわたる元寇はおよそ二千年に近い日本の有史の中で、侵略してきた外敵と領土の中で戦い、これを撃退した戦役として唯一無二のものであるが、その勝利は神風によってもたらされたのではなく、おびただしい犠牲を出しながら死をおそれずに戦い続けた兵士たちの結集された力によるものだった。死をおそれずに戦う原動力は防人《さきもり》として大君に仕える忠誠心であり、それが神に通じて戦いの勝利につながったと彼らは素朴に考えた。おのれの力ではなく、神のご加護があったから勝てたという謙虚な考えが神風神話を生んだのだ。

女子サッカーの日本代表チームに「なでしこジャパン」という名前をつけたのが始まりで、男子のアイス・ホッケーや野球のチームにも「サムライJAPAN」、「侍ジャパン」という名前がついて、スポーツで戦うときの精神的な高揚のシンボルになっているが、日本人力士の横綱昇進が期待されて久しい大相撲で新しく大関となった力士がその伝達式で「これからも大和魂をつらぬいてまいります」と口上を述べたときには、ちょっと場違いな感じを受けた人も多かっただろう。

いずれも日本古来の「やまとことば」で、純粋な日本人の心のこもったものではあるが、「やまとだましい」は、ともに競い合う相手ではなく、相いれることのできない「敵」と、死を賭《と》して戦うときの厳しい精神の高揚を言うのであり、今となっては過去の罪悪的で悲惨な戦争の中にうずもれた「死生観」を思い出させるという意味で、多くの日本人にとって安易に使える言葉ではない。

では、現代の平和な民主国家に生きる日本人にとって、古今を通じて変わらない日本人の特質といえるものは何か。それはやはり、「神へのおそれ」だ。

他人を煩わせるときに日本人は「おそれいりますが」という。それが恐怖心を表すのでないということは、日本人なら誰でもわかる。相手の優れたところを認めたときは「これはおそれいった」と言うが、それも感服であって屈服ではない。

神とはおのれの体の外にあって、自らの力の及ばない存在だ。つまり「神へのおそれ」とは、おのれの及ぶべくもない力の存在を謙虚に認め、それを「他者」として尊重する。

太古の昔から、日本人は「神へのおそれ」を共有して群れで生きていた。その群れは子が親の保護を求めるように統率する者を必要とし、やがて邑や氏を拡大して一定の紀律《きりつ》を持つ社会集団となり、国家を形成していった。そして、おのれを統率支配する者に「神へのおそれ」を求めて従い、その頂点にある大王をうつせみの神としておそれかしこみ奉ったのだ。

『万葉集』の中で柿本人麻呂という歌人が「おほきみは神にしませば天雲のいかづちの上にいほりせるかも」という歌を詠んでいるが、私たちの祖先は国を創った遠い昔から、この「神へのおそれ」を日本人の心として生きてきた。「うつせみの神」は昭和天皇の人間宣言で否定されたが、「生きている神様」などが存在するわけがないことは昔から誰にでもわかっている。日本人はただおのれを生かしてくれているものを神としておそれ、つつしみ、それを現実的な国の支配者に移しかえていただけだ。だから天皇がそれを否定しても日本人の心から「神へのおそれ」が消えてしまうことはない。

中世に入って政治の権力は公家から武家の手に移り、戦国時代を経て、武士は一つの階級に成熟したが、江戸の中期に著された『葉隠』という書物には「武士道という は死ぬことと見つけたり」と書かれている。この言葉についてはいろいろな見方があるが、もともとはいろいろな理屈を越えてひたすらに主君のために命を捨てるのが武士の道だと説いたものだ。

基本的に武士は二本の刀を腰に差している。

聖徳太子も刀を提げているから刀の歴史は古いが、そのころは祭祀儀礼の意味も強かっただろう。一本だけで刃を下に向けて吊り提げている。鎌倉時代になると戦い相手の首級をかき切る「腰刀」という小刀を合わせて帯に差すようになるが、本格的な二本差しになるのは安土桃山時代で、大刀も刃を上に向けて腰に差した。以後、日常に殺人用の武器をたずさえて往来するという、野蛮で非文化的な制度習慣が日本の身分社会の土台になった。江戸時代には武士の権威を守る「斬り捨て御免」が法律化されるが、それは必ずしも武士の勝手を放任していたわけではなく、厳格な規制があった。

日本の帯刀制度は明治時代に廃止されているが、アメリカの銃社会は今でもなくされる気配がない。そしてピストルがそれを持つ者の生命を守るために使われるのに対して、日本の刀は主君の命と支配権力を守った。

武士は主君を守るために存在した。このとき、「神へのおそれ」は主君に向けられている。やたらに戦って命を粗末にするというのではない。おのれを必要とする者のために戦う。主君によって生かされている命だから、求められるときに捨てるというところに武士道がある。万葉にある「大君の辺にこそ死なめかえりみはせじ」と思いは同じだが、それほどの気負いはなくても、おのおの主君のために身を捨てて尽くすという謙虚さが、縁の下で力を発揮するという意味の『葉隠』という書名にも含まれているだろう。

明治維新の人政奉還によって王政が復古するが、では、それまでは誰が日本の政治の実権を握っていたのかといえば、それは征夷大将軍によって開かれる幕府であり、鎌倉時代に台頭した武士階級だった。征夷大将軍の歴史は古く、八世紀の半ばまでさかのぼり、そのはじめは東北地方の「まつろわぬ者ども」を平定するために派遣される現地軍の最高司令官だった。それが時を経て、軍事に限らずすべてのまつりごとにかかわるようになり、次第に事実上の最高権力者として日本を支配するようになっていった。

しかし、征夷大将軍は王権の代行者として朝廷から与えられる官職であり、「天下を取る」者もその地位とそれにふさわしい位階が天皇によって与えられない限り、幕府を開くことはできなかった。政治の実権は武家にあってもその権力に正当性を与える権威として、天皇は侵されることのない存在であり続けたのだ。

重要なことは、大和民族の王権は王によって主張されたものではなく、神を必要とする民族がその存在を求めたものであり、それを盗み取ろうなど考える者は誰もいなかったということだ。

事実、鎌倉幕府の開設から明治の大政奉還に至る六百七十年あまり、征夷大将軍の官位を許された武家の棟梁《とうりょう》は十五人を数えるが、誰一人として天皇位をうかがう者はいなかった。天皇が天照大御神の万世一系の子孫であるというのは神話の世界だが、日本の統治者としての天皇の権威と皇統は政治の実権を持つ支配者によって、侵すべからざる最高のルールとして守られてきた。その基盤にあるものが、すべての日本人の心の中にある「神へのおそれ」だったといえるだろう。

明治以後、大政奉還と同時に鎖国を解いた日本はヨーロッパの先進国から多くのことを学びながら近代国家に生まれ変わっていったが、当時の世界は十八世紀の半ばから十九世紀にかけての産業革命が西欧の列強による植民地争奪戦に急激な拍車をかけていた時代で、日本も遅ればせながら領土の拡張と植民地の獲得を目指す富国強兵の道を歩み始める。

「広く会議を起こし万機公論に決すべし」と、今日でも通用するほどの民主的な国是を定めた明治政府ではあるが、七世紀にも及ぶ武士階級の支配のもとに暮らしてきた国民にとっては、強い国家をつくるということが自然の成り行きに思えたかもしれない。

いっぽうで韓国の植民地化に成功し、日清・日露の戦役に勝利したとき、近代的な装備と訓練で強力な軍隊をつくり上げた軍部は、外国の強大な軍事力に対しても短期決戦に勝ちさえすれば、国際的な第三国の仲介を得て有利な終結に至るという戦争の勝ち方に自信を持った。

そして、五・一五、二・二六の二つの事件を通じて政治の中枢に入り込み、植民地争奪戦の最後に残された中国大陸への進出にためらわずに突き進んでいく。この過程で軍国主義者たちは「神へのおそれ」を神国日本の優越性に変えて国民の意識を高揚させていく方向性を確立した。日本人の「神へのおそれ」が天皇に集約されている限り、それはきわめて容易なことだった。

日本の侵略政策が世界の非難を浴びる事態になっても軍部の暴走はやまず、ついには第二次世界大戦へと無謀な戦争を拡大するが、それが誰にも止められなかったのは、彼らがいつも天皇の名において「聖戦」を遂行していたからだ。彼らは国民のすべてに天皇のためであればいつでも死を惜しむことなく戦う「大和魂」を要求した。

戦いに赴く日本の若者の中には純粋に国のために命を捧げてかえりみることのなかった者も少なくはなかったろう。しかし、命を捨てて戦うことを国民に要求する国家とは何かということに強い不条理を感じながらも、あるいは父母や愛する者への断ちがたい思いに強く後ろ髪を引かれながらも、時がくればいさぎよく戦場に散っていった者がほとんどだったに違いない。

日本人が何らかの行動を起こすとき、誰かのため、何かのためという前提がおのれの決断を容易にするのは、古来、日本人がその心の中に持っている「神へのおそれ」が行動の規範になるからだ。

しかし、日本の軍国主義はそれを逆に利用して天皇に命を捧げることを国民に強要した。軍部が何かのため、誰かのためというとき、それはおのれの責任を回避するのに最も都合のいい理由になったのだ。

それは天皇にとって迷惑なことだった。

昭和天皇は決して独裁的な君主でも好戦的な軍国主義者でもなかった。満州事変から日支事変にいたる関東軍参謀部の独走にはたびたび反対と懸念を表していたといわれる。ただ残念に思われるのは、天皇自身とその近辺が一般の国民と軍国主義者との明確な区別をすることができなかったということだ。それさえできていれば、もしかするとあの戦争が中国で二千百万人、日本で三百万人、アメリカで三十五万人という巨大な犠牲を生むことは避けられたし、広島と長崎を原子爆弾の実験場にされることも防ぐことができただろう。

ＮＨＫの「クローズ・アップ現代」が二〇〇八年の暮に「服従の誇り」というテーマで、防衛大学校資料館の一階にある「槇記念室」を紹介したことがある。

神戸大学の名誉教授で東日本大震災復興構想会議の議長を務めた五百旗頭《いおきべ》真氏は政治学者として幅の広い活動をしている人で、震災の年まで六年間は防衛大学校の学校長だった。学校長就任のときにインタビューに答えて「国民が軍事力を監視し暴走を抑える」というシビリアン・コントロールを最重要視していきたい、と述べた。

氏は幹部の育成にも「シビリアン・コントロールを原則としながら広い視野を持つ」という方針であたり、「視野が狭小になっての暴走」を極力戒めた。

この「広い視野」という教育理念は初代学校長から受け継いだもので、五百旗頭学校長は自らが設置した初代学校長の槇記念室にそれを掲げている。さらにこの槇記念室にはもう一つ、「服従の誇り」という不思議な言葉が掲げられているが、五百旗頭学校長はこれを、実行部隊が最終の判断をするのでなく、「主権者である国民の判断に従うことに誇りを持つ」と説明する。つまり、「服従の誇り」は国民主権の国家における民主主義と文民統制の真髄を表現したものだということができる。

「服従」をあくまでも単なる上官の指示に対する忠実な実行と考える人もあるだろう。「防衛」のためだろうと「侵略」のためだろうと戦士は命令に忠実でなければならない、そうでなければ戦力というものは成り立たないと考える人もあるだろう。しかし、そうした解釈は浅く限定的なものだ。

古来、日本人がおのれを超える力に「おそれ」を抱き、それに服従してきた。それは時には卑屈に見えたり、盲従や迎合とみなされたりするかもしれない。昔から「長い物には巻かれろ」とか「さわらぬ神にたたりなし」、あるいは「寄らば大樹の陰」、現代では「巨人・大鵬・卵焼き」などの言い習わしに伝わるように、私たちは常に争いを避け、多数に迎合し謙虚に自己の安穏を追い求める民族だった。そして、おのれの存在を超える神のお告げやそれに代わる支配者の命令であれば、「死を賭しても」忠実に従う単純さを持っていた。

　その単純な忠誠心が戦国時代に武士道をつくり上げ、さらに近世に入って日本が半島での植民地争奪から日清・日露の戦役へと勝ち進んだとき、軍国主義者たちに利用されたのだ。彼らは元寇の勝ち戦が神風による神の加護があったからだということを強調し、日本は神国で、天皇は現人神であるという選民思想を国民に植えつけ、その後の国策を誤った。

　古代から日本人は好戦的で戦術規律に長《た》けた集団であったわけではなく、また神国の民というおごりを持っていたのでもなく、ただひたすらに「神へのおそれ」を抱きながら生きてきただけだ。忠孝の道徳観もその「神へのおそれ」から生まれている。

親からもらった命であるが、それはおのれのためのものではなく、何かのために役立てなければ生まれてきた甲斐がない。求められればいつでも桜の花びらのように潔く散るというのが、主君に仕える「もののふ」の美徳だったのだ。

時代は変わり、神国思想は過去のものとなったが、おのれのためではなく何かのためにという犠牲と献身の精神は多くの日本人の心に生きている。

国の主人公となった国民の判断に服従するという行動原理が変わらない限り、私たちは日本の自衛隊の存在を誇りとすることができるだろう。

美しくあいまいな国

歴史を振り返ってみれば、日本人は常に神をおそれかしこみ、おのれを超える存在を敬いはばかり、従い守りながら生きてきた。それは「自己抑制」と「他者尊重」の精神であり、万葉の昔から培われてきた日本人の素朴な民族性であったといえる。

いっぽうで、日本は神国で日本人は神の子孫であり、戦えば必ず勝ち、神の加護によって、いかなる国の攻撃からも守られるという神国思想は二度にわたる元寇の撃退によって次第に強くなり、以後はそれが支配権力のイデオロギーとして確立されていく。しかし、この傲慢な選民意識が、実は根拠のない「神頼み」にすぎなかったことは、七百五十年の武家による、そして近代の軍国主義者らによる統治を経て、太平洋戦争の敗北と亡国を招くまで、歴史の表面では明らかにされなかった。

その呪縛は、国民の精神生活のよりどころであるということから戦争の責任を免れた天皇が、勇気をもって人間宣言をしたことで解かれた。

軍国主義者たちの掲げる神国思想は歴史の舞台から大きく後退したが、それは完全に抹殺されたわけではない。なぜならそれは日本人の素朴な「神へのおそれ」に共鳴するものであると同時に、軍事力によって先進諸国と肩を並べることを夢見る政治家たちのイデオロギーとして利用できるからだ。

私たちはこの「神へのおそれ」という日本人の民族性が、謙虚な「他者の尊重」と同時に、それとは反対の傲慢な選民意識にも共通するということに留意しなければならない。そして同じ日本人がいつもこの二つの違った立場から支配と被支配の関係をつくって、国家として機能してきたということを直視しなければならない。それは庶民からすれば「君に忠、親に孝」の封建社会でしかなかったが、支配者からすれば「士農工商」という国家支配の重要な階級構造だった。

今、その階級構造は崩れ忠君愛国の精神も影が薄れたが、過去の神国日本に郷愁を持ち、その復活を夢見る日本人は決して少なくない。そしてそれは、右翼政治家の靖国参拝への固執や保守政党の集団自衛権確立指向などに表れている。

そういう支配層の存在を許しているのは、これも日本人の「他者尊重」から生まれる「寛容」だといえるだろう。

日本人は仏教伝来以来一貫して西方から吹いてくる吹きだまりのように、外来の文化を受け入れてきた。ただし多くの場合そのまま受け入れるのではなく、神仏混淆《こんこう》のように、受け入れながらそれを日本化してしまうという独自性を持っている。最近大相撲の人気回復の主要な原動力となって活躍している外国人力士の多くは、相撲道に精進する中で日本文化の伝統になじみ、上下の別をわきまえて礼儀を重んじる「謙虚さ」を身につけていて、普通の日本人よりもいっそう日本人らしく感じられるのもその一例だ。

観客の中には日本の国技が外国の大型力士たちに乗っ取られてしまうかのように不満を持ち、偏った声援を送る国粋主義者もいるが、多くの日本人は外国人に独占された横綱が土俵入りするのを何の抵抗もない寛容さで受け入れている。

ノーベル賞の受賞講演で川端康成が「美しい日本」と言い、大江健三郎がそれを批判するかのように「あいまいな日本」と言ったのは、物事はすべてそれを見る人の立場で違ってくるからだが、西方から吹いてくる文化の風をすべて受け入れてきた日本人の寛容と謙虚さは、日本を純粋で「美しい国」とするよりは、どちらかといえば多様性を持った「あいまいな国」にしているように思われる。

「美しい国」とはどんな国か。日本の風景は四季を通じて確かに美しい。しかし、そういう意味なら美しい国はどこにでもある。

政治家の言う「美しい国」は人気取りの便宜的な表現にすぎないが、川端の言う美しさは『源氏物語』以来の文学芸術の流れの中にあり、王朝貴族の生活から生まれる悲喜哀楽の移ろいを「もののあわれ」ととらえ、栄枯盛衰、諸行無常、桜の花の美しさもいっときのもの、すべては自然に回帰昇華するという仏教の無常観と通じている。この観念は確かに多くの日本人の心に共通のものであり、その原点も大自然の中の「神」へのおそれにあるが、いわば「滅びの美しさ」ともいえる「もののあわれ」は、それを美しいと見る第三者の心の世界でしかない。現実はもっと多様であり、複雑であいまいというほかはないのだ。

しかし、あいまいであることがいいというわけではない。

現実の世界が複雑多様である結果、私たちはあいまいな社会に住むことをよぎなくされているが、社会が複雑であることは避けられないにしても、あいまいであることは、できれば避けたほうがいいからだ。

世の中にはあいまいであっても何の支障もない事柄もあれば、あいまいにしておくべきではない事柄も少なからずある。あいまいな国日本には、あいまいな状態のままであってはいけないことが他の国よりも多いのかもしれない。その一つが「靖国問題」

だ。

何があいまいなのかといえば、本来靖国神社は「外地で戦死した人」の霊を祀る社だったのに、第二次大戦後三十年あまりたって十四人の戦争犯罪人が「昭和の殉難者」として合祀されたことだ。信仰は自由であり、神社が誰を祀るのも勝手だが、公的に「戦争犯罪人」と「殉難者」と「英霊」の区別をあいまいにしたまま、政府閣僚が終戦記念日に参拝をしている。

つまり、差別はいけないというけれども、人間はもともと一人一人がみな違う。平等というのは人間社会が必要とする法律の下で差別されないということであって、本来はそれぞれの個性が尊重されなければならない。その個性が負の方向に働けば、当然のことながらその行為は抑制あるいは排除の対象になる。その正負の区別ができていないのだ。

さらに言うならば、日本にはあの戦争で国のために戦って散った将兵は三百万人もいるが、その中に国民を戦場に駆り立てた戦争犯罪人は一人もいない。戦争犯罪人という概念は敗戦国には存在しないといえばそれまでだが、戦場で散った者と戦場に兵士を追い込んだ戦争の指導者や組織者を区別せず、日本がなぜ戦争を起こしたのかという反省もなく、靖国参拝をするたびに、「国に命を捧げた英霊のおかげで今の平和がある」などと意味不明なことを言っている。ドイツでは国の機関に「ナチス犯罪追及センター」というのがあって、二十一世紀の今でも地球の果てまで戦犯を追い詰めているのとは大違いだ。

もっと本質的なことを言うならば、私たちは「普通の日本人」と「国民を支配する日本人」とを区別しなければならない。そこから出発しさえすれば、国民を戦場に追い立てた者を特定することができるし、戦争犯罪人の存在を確認することもできる。

国家とは何か。

国家とは、「支配者」と「被支配者」の対立的結合体であって、「領土」は必ずしも絶対に必要な要素ではない。その結合体を他国が承認することによって国家が成立する。

日本があいまいな国であると自認することは一般には大した問題がないが、国の「支配者」と「被支配者」の区別をあいまいにすることは、「支配」の中に含まれる対立と矛盾をなくすことであり、そのような「結合体」は存在しないことになる。

　こうした考え方は唯物弁証法的なもので、毛沢東は「矛盾論」という論文の中でこう言っている。

「すべての事物は矛盾を含んでいて、矛盾を含まない事物は存在しない」。

　さらに、「すべての事物に含まれる、矛盾した側面の相互依存と相互闘争が、すべての事物の存在を決定し、その発展を促進する。矛盾を含まない事象は一つもなく、矛盾がなければ世界もない」。

　矛盾とか対立とかいえば短絡的に「何でも反対の共産党」に結びつけ、不毛の理論と決めつけてしまう人が多いかもしれないが、矛盾論の中で言う矛盾は必要に応じて「相互依存」したり、時には「相互闘争」をしたりして、物事の「存在を決定し、その発展を促進する」ために不可欠なものだ。

　わかりやすく言えば、一般にヒトは男と女という矛盾対立した性で存在している。それと同じように国家は、政治的には支配者と被支配人民が、時には協力し、時には戦うという矛盾対立した関係で成り立っているのだ。

現在、世界の多くの国々は自由経済と民主主義によって維持されていて、コミュニズムはほぼ過去のものとなっているが、唯物論や弁証法が否定されてしまったわけではない。マルクスの後継者たちは階級闘争を組織して各地で社会主義革命に成功したが、それは七十年あまり続いただけで失敗に終わった。失敗の原因は彼らが支配権力と戦いながら、革命が勝利したときには自分たちがその権力に入れ替わってしまうという大きな過ちを犯したことだ。しかも、彼らは自分たちだけが正しいと信ずるあまり、独裁に固執した。そして、彼らの多くはその誤りを認めないまま滅び、また、中国のようにその誤りに気づかず、変質してしまったことにさえ気づかずにいる国もある。

十九世紀のイギリスの歴史家ジョン・アクトンは「権力は腐敗する。専制的権力は徹底的に腐敗する」と言っているが、世界の現存する共産党がいまだに権力を奪い取る戦いを進めることの自己矛盾に気づかずにいるのは残念なことだ。

日本が美しい国であると自賛することも、あるいはあいまいな国であると自嘲することも、いけないことではない。そのどちらかでなければならないこともない。しかし、国家を構成する国民が政治的には支配する者とされる者に、経済的には金を集める者と差し出す者に分かれていて、必ずそのどちらかの側にいる、という区別は、あいまいにしてはいけないことだ。そうでなければ日本人が近い将来に絶滅に近づく、その時期を少しでも延ばすことはできないだろう。

第三章

日本人らしく生きる

増えてきた「新しい」日本人

有史以来、日本人は「神へのおそれ」から生まれた君に忠、親に孝の倫理を基盤に、他者に対する謙虚さと寛容を持って生きてきたが、その伝統は敗戦によって変質し始めた。

その変化はアメリカ占領軍が日本の社会に持ち込んだ民主主義で始まった。民主主義というのは国民が国の主人公であるとする政治思想だといわれるが、それだけで納得する人が多いようでは困る。国の主人とはどういうことか。国民が国の主人なら、それでは家来や従僕はどこにいる誰なのか。それはすべての公務員であり、政治家もその一人だ、などと言うに至っては、詭弁を越えた詐欺に等しい。

国民が国の主人公だという主張が、ことさらに強調される場面が二つある。一つは選挙のときで、立候補者が国中でそれを言い、頭をペコペコ下げて「お願いします」

と連呼して回る。もう一つは国民を無視した増税や軍事基地の建設などに反対するデモ隊がプラカードを掲げて行進するときだ。

どっちも言っていることは同じだが、「国の主人公」に対する認識とそれを強調するモチベーションには大きな違いがある。

政治家の言う、国民が「国の主人公」というのは心にもないうそで、票が欲しいので便宜的にそう言っているだけだ。いっぽう、政策に反対抗議するデモ隊の言う「国の主人公」という意識は普段は認めてもらえないもので、このさいは自分たちの意見や要求をつらぬこうという切実な自己主張を伴っている。

つまり、「国の主人公」という観念が、それを意識する者の立場によって、まるで違う。政治家が言う場合、その主人公に対立する存在はないし、自分がサーバントだというのもまるきりうそだ。しかし、デモ隊の主張する自分たち国民が「主人公」というときには、「政府」という明確な対立存在がある。

この「政府」が「国の主人公」たる国民の上位にいて、国民にこの国で暮らすことを認めることと引き換えに税金を徴収し、その金で国を支配しているのだから、この区別をあいまいにしては、「国」は成り立たない。そして、その支配者たちを「国の主人公」たる国民が、民主的な手続きによって選び出すシステムが民主主義だ。

しかし、たとえ国民によって選び出された支配者であっても、いったん支配者の椅子に座ればその国の経済の実権を握っている財閥や企業経営者グループの意思に反して政治支配を行なうことはできない。その瞬間からこの「国民の代表」は明らかな「支配者の走狗」となって被支配者人民の対立存在に変質してしまうのだ。

だから、民主主義という言葉を単純に信用してしまってはいけない。東西冷戦の時代には「人民民主主義独裁」という国もあったし、アメリカのデモクラシーも絶えず人種差別と衝突している。

それはともかく、私たち日本人は、聖徳太子の「和を以て貴しとなす」や明治天皇の「万機公論に決すべし」以来、言葉だけではない現実の民主主義をアメリカから教えてもらったのだった。

そのおかげで、現人神は現実の人間天皇として国民に身近な存在となり、支配者の統帥ではなく、「国民統合の象徴」となった。実務的な国家の支配者はすべて形式的ではあるが、民主的な選挙によって選出されることになった。そして、日本の国家としてのシステムが急激に変化する中で、ゆっくりと、君に忠、親に孝といった伝統的な規範はくずれていき、やがて「戦争を知らない子どもたち」の世代によって、「神へのおそれ」よりは自己主張を優先することのできる「新しい日本人」が増えるようになってきたのだ。

この新しい日本人たちは自由とか民主主義といったものをどんなふうに受け止めているのだろうか。自由と民主主義のありがたさは独裁政治の中で苦しんだ者にしかわからないはずだが、現人神が人間天皇となったことの意味を、日本の教育は正しく彼らに教えているのだろうか。戦争が天皇の名によって行なわれなくなることは、天皇自身にとっても、また国民にとってもこの上ないことだし、天皇が国民の象徴としてだけでなく、日本の歴史と文化の象徴として存在し続けることを願う「古い日本人」の気持ちが、新しい日本人たちに正しく伝えられていくかどうかはわからない。

彼ら新しい日本人は、箸の握り方が違う。どう違うかというと、みなそれぞれに違う。十人十色といってもいいほど違うのだ。昔の、古い日本人は大体みな同じ握り方をしていたが、それは親や祖父母がそういう握り方を教えてくれたからだ。箸だけではなく、鉛筆の握り方も各種各様なのは、学校では書道をきちんと教えることがなくなったからだが、もしかすると、教師たちが箸や鉛筆の握り方などは各自の勝手にまかせるのが民主的だと考えているからなのかもしれない。

昔ながらの三世代が一緒に暮らす大家族の消滅とともに共働きの核家族化が進むなかで、子どもたちが親から学ぶことは少なくなり、学校では個性を尊重する新しい民主教育を受けて、「家」の束縛を解かれた子どもたちは育っていった。

帝国憲法も平和憲法に変わり、彼らは日本を自由で平和な民主主義国家に作り替えていくという夢を持つことができた。しかしその夢は、憲法に「陸海空の戦力はこれを保持しない」と書かれているのにかかわらず、アメリカの占領政策が変わって、朝鮮戦争が勃発して四年後の一九五四年に、陸海空の戦力のそろった「自衛隊」がつくられたのち、急速にかすみ始めた。そして、日米安全保障条約に反対する民主勢力の反安保闘争は一九六〇年から七〇年に全国の学生組織を中心に高まりを見せたが、その後は政府の対応と新左翼運動の内部分裂とによって次第に国民の支持を失った。

一九八九年に東西冷戦の時代は終わったが、それは日本国内ではどちらかといえば東寄りだった日本の革新民主勢力の後退にはたらき、新しい日本人たちの多くは政治への関心を持たなくなった。

現在、日本の政治は富裕階層の「繁栄の自由」を守るためにある。その自由は多くの貧困弱者に不自由を強いることによって守られ、それによって生じた既得権を守るために法律が存在する。保守政権の存在理由はこうした富裕層の既得権の保守だ。富裕が繁栄するためにはいっぽうで必ず貧困が生じるが、徳川三百年の平和を支えた「生かさぬように殺さぬように」のあわれみ政策さえ現代では存在せず、自由競争の外に放り出された敗者たちには自己責任が押しつけられるだけだ。

この政治を変えることは容易ではない。政治に直接かかわるためには、民主的な選挙制度があるが、投票はタダで、供託金もある程度の成果が上がれば戻るが、法律で認められる範囲の選挙運動にはとてつもないカネがかかる。地方議会であると国政であるとを問わず、信じられないほどレベルの低い人物が政治の舞台に登場してくるのは、選挙そのものが、ひとえにカネの力によって動くシステムとなっているからだ。

二十世紀の後半、日本最大の二つの都市で知事が交代した。首都東京では都政に新風を吹き込むことを期待されながら任期中ほとんど何もしなかった都知事が引退、大阪では府知事が二期目の選挙運動中、運動員の女子大生にわいせつな行為をして訴えられたことから辞職した。この二人の知事の政界からの離脱と追放は、戦後日本の「民主政治」の世紀末的決算ともいえる象徴的な事件だった。共通する点としてあげられるのは、まず二人がどちらも日本の東西を代表する作家やお笑い芸人として、全国的な人気があったということだ。彼らはこの人気を踏み台に、選挙運動もほとんど他人任せでその地位を確保、維持することができた。

現代の日本には長年にわたる政治不信が根づいていて、国会も地方議会も議員が投票率四〇%か、よくて五〇%程度の選挙で選出されてくる。大衆は「政治は誰がやっても同じこと」と思っているから、テレビでの露出度が高いというだけで選出される可能性が高い。

芸能タレントでも器用な人なら大臣をやれるし、大統領の役もこなすことができる。しかし、演技はできても実際の政治ができるかどうかはわからない。それでも大衆は愚昧だから選んでしまう。当然あたりはずれがあるわけだが、この二人の知事の場合は期待がはずれて、全く役に立たない役者を選んでしまった。大衆が愚かなのは政治が密室で行なわれていて、必要なことが何も知らされないからだ。

今、「新しい日本人」たちは政治を見限っている。

若者たちはロックやヘビーメタルの激しい音響の中に自己を発散し、バーチャル・ゲームの世界に沈潜して、現実から遠ざかった。

ヒトラーは「青少年に判断力や批判力を与える必要はない。彼らには自動車、オートバイ、美しいスター、刺激的な音楽、流行の服、そして仲間に対する競争意識だけを与えてやればよい」と言ったそうだが、それがまさに、新しい日本人が自分たちでつくり出している今の状況だ。

この「新しい日本人」たちは私たちの国を無事に維持していけるのだろうか。

ベーシック・インカム

もっとも、新しい日本人が増えてきたといっても、それで少しでも日本の人口が増えるわけではない。絶滅危惧種指定のおそれがある現存の日本人の中で、新旧の比率が変わってきたということにすぎない。老若を問わず、「神へのおそれ」と「他者尊重」の心を持ち続ける古い日本人の減り方には拍車がかかっていく。これを食い止めることはできないのか。

人口の減少が文明の発達に伴う現象であるのなら、これを避けることは難しい。なぜなら文明は、今や人類の生活を豊かで便利なものにするというよりは、金もうけの手段になってしまっているからだ。商品を生産して利益を得ている人たちは、それを止めては生活ができないし、その商品が売れなくなっても生き残っていくことはできないから、これまでに存在しなかったものを作り続けて商売をしていかなければならない。それが文明だ。

先細りになっているGDPを少しでも上げるために、これまでに存在しなかったものを創造し、生産し続けていくことができる限り、文明は続くだろう。しかし、その商品を買う者が存在し続けるかどうかは疑問だ。貧困と貧富の格差はやむことなく増大し、もう何も買うことができなくなっている人が大勢いる。国家的大事業となってしまったリニア新幹線も、建設が始まれば、いっときは業界が潤うだろうが、完成開業にこぎつけられたとしても、利用できる人はほんのわずかで、ピラミッドや万里の長城のような現代の遺跡として残るかもしれないのだ。

文明の発展にブレーキをかけることはある程度できるかもしれない。里山資本主義というのもあるし、スローライフというのもある。それらがどれほどの成果をあげられるのかは疑問だが、金もうけが人類至上の目的となってしまった現代社会で、基本的に文明の暴走に逆らうことは無理として、とりあえず日本人の人口減少をなんとか食い止める方法がないわけではない。

それは、子どもが生まれたら成人するまで、月額五万円の子ども手当を支給することだ。財源には消費税を充てる。

この数年、消費税の増税は経済的にも政治的にも議論の争点となっているが、もしもこの消費増税をそのまま貧困解消の財源として使うならば、国民の最も受け入れやすい増税だ。それはたびたび行なわれる世論調査でも「公務員給与や議員定数の削減などやるべきことをやってからなら、多少のことは我慢する」というような形で肯定されている。

数字だけで考えれば消費税を五％上げてそれをすべて貧困追放に使うことにすれば、基本的に貧困は解消する。

消費税を一％上げることで二・七兆円の財源が生まれるという計算に間違いがないことを前提にすれば、五％の増税からは十三兆五千億円が得られることになるが、この財源をもって、第一章で述べたように、可処分所得の「中央値」の半分、百十二万円未満の貧困者二千万人に給付金を分配すれば貧困は基本的に解消する。

原則的には「すべての国民に最低の生活費を支給する」システムを「ベーシック・インカム（基礎所得保障制度）」というが、それを消費税で完全にまかなうのは多額に過ぎるので、対象はとりあえず三百万人の失業者と、保護者が一千万円以上の高額所得家庭を除く約一千五百万人の、十八歳以下の子どもに対して、金額は国民基礎年金に近い額、例えば月額五万円とし、子どもが生まれればとにかく高校を卒業するまで支給する。

失業者に対しても、失業保険が適用されず、月に五万円を超える収入のない者に、やはり五万円を配る。また、年金生活者の中で収入が月五万円に満たない者にも、その不足額を配分する。

現行の生活保護はアルバイトなど給付金以外の収入があればその分が給付から差し引かれるが、ベーシック・インカムでは給付金額を超えない程度のアルバイト収入は許容することとする。そうなると失業者同士が夫婦になれば支給額は合わせて十万円になるし、二人が規定限度までアルバイトをすれば最高で二十万円を超えない程度の生活ができる。

夫婦合算しての収入が二十万円を超えれば、夫婦のどちらかは貧乏人であることを辞退しなければならない。妻か夫のどちらかが有職者となり、そうでないほうは扶養者になる。さらに合算額が二十五万円を超えれば、夫婦共に失業の認定は取り消しとなり、子どもがいなければベーシック・インカムの支給は停止される。

もしその夫婦に赤ちゃんが生まれれば、その月から赤ちゃんへの五万円の支給が始まる。もう一人生まれればさらに五万円が増える。生まれれば生まれるだけ五万円が増えるから、少子化の傾向には歯止めになるだろう。

もちろん、これとは別に保育施設を充実することが必要だ。

失業者は約三百万人といわれているが、この人たちは失業保険か近親者の保護か、さもなければ生活保護を受けているはずだ。失業者と生活保護とはだぶっている部分があるのかもしれないが、二〇一四年現在で百六十万人を超えているといわれる生活保護の受給者については、これも消費税の範囲の中で解決することがのぞましい。

とにかくこれで国民のすべてに月額五万円、年額六十万円以上の最低生活が保障され、憲法第二十五条第一項の中身が空文でなくなる。

ベーシック・インカムは、少なくとも現代の貧困を基本的に解消するといえるのだが、それ以上に重要なことがある。それは、この制度が実現すれば働きたくない人は働かなくても暮らしていくことが可能になるということだ。

つまり、「働かざる者食うべからず」という鉄則はなくなり「働かざる者なお食うべし」という社会が実現する。現実に人類の生産力の高さはそれを可能にしている。というより、企業は常にコスト削減を生産の目標とするだろうし、文明が進めば、生身の人間よりはロボットが労働の主体になる。経済の状況判断や企業の経営方針も人口知能に頼ることになっていくとなれば、雇用創出で失業者をなくすなどということ自体が、政策としてありえないことになってくるのだ。

国民の勤労意欲を満足させるためには、生産を維持するのに必要最低限の人的労働や防災、警察などの社会業務を短期あるいは交代制の義務就業とすればいい。

ネアンデルタール人のいたころの人類は、一組の夫婦の労働が三人以上の子どもの家族を支えていたのだろうが、三万年後に産業革命を経過して飛躍した人類の現代文明は、一人の労働の価値をおそらく控えめに見てもその十倍の家族を養うほどに高めているはずだ。それにもかかわらず、現代の若者が貧乏のために結婚もできず、結婚をしてもせいぜい一人か二人の子どもしかつくれないというのは、富を収奪する政治があまりにどん欲だからだ。

「働かなくても食べていける」ようになれば、勤労の意欲が失われ、誰も働く人はいなくなるというおそれがあると言う人もいるが、人間は本来ただ生物として生きる存在ではなく、「余暇の充実」にこそ生存の意義があるという意識が定着すれば、勤労も強制や義務としてではなく、生きがいとして継続する。そして、社会に貢献する価値のある行為には、企業でなく社会からその報酬を受けることになるだろう。

物質的に充実した生活はベーシック・インカムへの依存をやめて職に就くことで得られるし、定年後のより豊かな生活を求める人のためにはそのような保険制度をつくることで一律平等の閉塞社会になるのを避けることができる。

ベーシック・インカムの論議にはすでに半世紀に近い歴史があり、日本でも現在、これに近い主張を持つ政治家もいる。最も大きな問題点は財源をどうするかだが、これに消費税を充てれば抵抗はそれほど多くないだろう。日本の消費税率は二〇一六年に一〇%になったとしても、イギリス（二〇%）、ドイツ（一九%）、フランス（二〇%）、スウェーデン（二五%）など、ほかの国の付加価値税と比べて高いわけではない。

一〇％の消費税を議員の政治活動費や実態不明の社会法人への補助金などに使わず、全額をベーシック・インカムと年金に回すのなら、国民の納得はいくはずだ。

ベーシック・インカムの利点はおおげさにいえば数限りなくあり、その第一は言うまでもなく「貧困の追放と精神的に豊かな生活の回復」だ。絶対的貧乏を直接なくすだけでなく、間接的な貧困を減らしていく効果も少なくない。というのは、所得ゼロの国民は失業者以外に千七百万の年少者や、数のつかめない専業主婦などがいるが、現在、この人たちのほとんどが夫や親の扶養を受けるか、あるいは親族などの庇護《ひご》で生活しているはずだ。そしてその庇護者たちはすべて裕福であるとは限らず、パラサイトたちとの間に軋轢を生んだり、極端な場合にはそれが犯罪を誘引したりすることもある。ベーシック・インカムはこうした状況をいちじるしく緩和することになる。

このことは日本の家族制度の復活や人間関係の「絆」の強化に役立ち、親族の支援とアルバイトの禁止、財産の放棄などに出発点を置く生活保護制度とは百八十度違って、「共助共生」を尊重する社会変革につながっていくだろう。

第二には先に述べたように先進文明国に特有の少子化の傾向を食い止めることがで

きる。

第三にはデフレを克服して景気を回復、経済を活性化することができる。

ここで主張するベーシック・インカムはその対象を貧困層に限るもので、そこに投入される十三兆五千億円の生活支援金は間違いなく支給の当日から、市場に流れ出る。金持に金をばらまいてもそれは銀行の口座に眠るか、あるいはあてもない未来への投機に賭けられるだけだが、貧乏人に配られる金は即座に動き始めるのだ。

おそらく自分には損も得もない貧乏人相手のベーシック・インカムなど好きにさせておけと、関心を一顧も持たない裕福層も、十三兆の現金が市場に流れ出るとなると目の色を変えるだろう。

彼らの富を増やしてくれるのは一円でも内部留保を増やそうとする企業経営者ではなく、金が入るとすぐ使わなければならない零細な貧乏人の家計だからだ。

「税と社会保障・福祉の一体化」という論議が国会で続き、首相はこの法案の成立に不退転の決意で臨むと言った。社会保障の充実が主ではなく、税収を上げるために社会保障が引き合いに出されているようだが、ベーシック・インカムが単に貧困の救済でなく、本格的に導入できるようになれば、既存の生活保護や基礎年金、失業保険など、各種の社会保障や福祉を兼ねることになり、その制度の簡素化と行政コストの削減に役立つことになるほか、社会保障費の滞納の解消にも貢献する。これが第四の利点だ。

第五としてベーシック・インカムは雇用の充実や労働環境と労働賃金の改善をもたらし、ひいては派遣社員や人材派遣など本来の雇用体系をゆがめているシステムの排除に道を開く。「労働者はいくらでも取り換えがきく」などとうそぶく経営者は一人もいなくなるだろう。国によって最低の生活が保障されることになれば、劣悪な環境で職に就こうとする人の数は減り、そのために企業は労働者を確保するための正当な待遇を用意しなければならなくなるからだ。いっぽうでまともな労働組合の力も強くなってくる。

企業に勤めてそれなりの賃金をもらうために一日の時間の大半を差し出すよりは、ベーシック・インカムで最低の生活をしながらすべての時間を自分のしたいことをして費やすほうを選ぶという人は決して少なくないだろう。

人類の生産力は「働かなくても食える」社会をすでに実現しているはずであり、ベーシック・インカムは、人は働くために生存しているのではなく、より人間らしい豊かな生き方があるということを現実に保障するのだ。

日本人の証し

人間が社会の生産力の一部であるということは、すべての生物が生態系の一部であると同様に否定のできないことだ。しかし、もし人類が他の動物とは違うところがあり、自分もその一人だと思えるのなら、私たちは「人間らしい生き方」とはどういうものか、考えなければならない。

人類が他の動物と違う点は、人間は、例えば人工衛星や宇宙探査機を打ち上げて太陽系の誕生の謎を解明するとか、文学や芸術の面でこれまでに存在しなかった作品を創造するとか、スポーツの世界で人間の可能性を追求するというような知的探求心と創造の能力を持っていることだが、それらとは別に何かを基準にした善悪の判断ができること、つまり倫理観念を持つことができるということだ。

ただし、生まれながらにして持っているわけではない。それは環境あるいは伝統と、それに基づく教育によって身につくものであって、その意味では普遍に独立した「人間らしさ」というものは存在せず、私たちの場合でいえば「日本人らしい生き方」というものを考えなければならない。それでは、日本人は伝統的にどんな倫理観を持って生きてきたのか。

仏教には五つの戒律があり、キリスト教には十戒があるが、人を殺すな、うそをつくな、他人のものを盗むなとかいったような戒めは、私たちの祖先が仏教伝来の以前から不文律として持っていたようで、漢字が輸入されたのちもそんな当たり前のことを成文法にしたりはしなかった。「魏志倭人伝」の中で「盗みはなく、争いは少なく、法を犯す者は云々」と紹介されているように、邪馬台国の昔から支配者の「法」は国の定めとして存在したが、罪の観念は不文の「律」として人々の心に内在していたのだ。

いつの時代でも私たちの祖先は「お天道様は見てござるぞ」とか「お天道様はお見通しだ」と言って悪事を戒めてきた。それは私たちの祖先の多くが、太陽を求めて東へ東へと移動してきたこととも関係があるだろう。

「おてんとさま」というのは目に見える太陽のことだが、山や森にすむ八百万の神様の集約でもあり、つまりどこにいようと、日が照ろうと闇夜だろうと、悪いことをすれば天罰が下るということを信じていた。

ルース・ベネディクトは『菊と刀』の中で、それを日本人の「恥の文化」と言っているが、もしも彼女がそれを裏返して、日本人は悪事も「他人に知られなければ罪と意識しない」人種だなどと思っているのだとしたら大きな間違いだ。この戒めの中には「他人に知られなければ」などという仮定がない。

確かに、日本人にはムラという狭い共同体意識があり、個人の行動は誰にでもすぐ知れるということから、それが悪事の抑止に役立っている。しかし、悪事と「恥」とは直接には何の関係もない。「恥」は努力の結果がおのれの意図や他人の期待に及ばなかったときに生じる感情であって、そこに悪事や罪がかかわることはない。

あるとすれば、「おのれ」の範囲内にある、例えば息子が何らかの罪を犯したというようなときだ。そのとき、おのれはムラの人々に顔向けができない。武士であれば身内に罪人を出したことで主君の家名を汚すことになる。そして時には、その恥を死をもって自律的に償うことになる。

根源的に日本人がおのれの足らざるを恥じる感情は「神」に対するものであり、じかに神に対するおそれをはばかって君に忠、親に孝の倫理道徳を大切にしてきたのだ。

今や「忠孝」の精神は過去のものとなったが、日本人の持つ「神へのおそれ」と「他者尊重」の心は失われてしまったわけではない。それは戦後生まれの「新しい日本人」のDNAの中にもしっかりと生き続けているはずだ。それは彼らの震災時のボランティア活動とか、外国の若者との交流などに、「思いやり」や「もてなし」、「助け合い」や「譲り合い」といった形でつながっている。

そして、人類の最終段階を間近に、なお慌ただしく発展し続ける文明社会の中で「日本人らしく」生きるために、私たちは日本人が現在の地球上でどんな存在なのか、どんな点でほかの国の人たちと違っているのかを検証していかなければならない。

それは別に難しいことではなく、ちょっと考えてみればすぐにわかる。

その一つは、私たち日本人が前世紀での最後の帝国主義的植民地争奪世界戦争で敗北した「戦争加害国」の国民だということだ。

いつまでもそれを引きずるなと言う人もいるし、あれは侵略戦争ではなく、アジアでの新しい国際秩序を構築するための正義の戦争だったと言う人もいるが、それは通らないし、日本が発動した戦争によって千七百万人にものぼる死者を数えた国と国民が今でも日本の右翼勢力の台頭と復活を警戒している現実に、「迷惑をかけた」などという言葉だけの空々しい反省を繰り返しているだけではいけない。

日本人は戦争末期の悲惨な体験と占領下の屈辱的な体験から、自分たちがまるで戦争の被害者のようなつもりで反戦を訴える人がいるが、その前に自分たちがあの戦争を引き起こしたのだという事実を自覚していなければならない。たとえ直接かかわりがなかったとか、戦争中も反戦活動をしていたとしても、親の財産は負債であってでも相続しなければならないのと同様に、私たちは紛れもなく「戦争加害国」の国民なのだ。そして、その「戦争加害国民」としての責任を免れる方法は、日本人であることをやめること以外には一つしかない。それは戦争を引き起こした者と戦争を遂行させられた国民とを明確に区別することだ。つまり、日本人の手で改めて過去の戦争犯罪人を摘発し刑罰を与え、軍国主義の完全な絶滅を宣告することだ。それは、これまでおろそかに放置されてきたことであって、今からでも決して遅くない日本国民の果たすべき義務であり、そうすることによってのみ、私たちは戦争被害者の立場にたつことができる。

そのうえで、さらに、戦争を始めた国の誠実な反省の表れとして、この地球上から戦争をなくすために行動することこそ、日本人の証しとなるだろう。

戦争はなくせる

二〇一四年十一月六日放送のNHK「クローズアップ現代」で、国谷裕子キャスターは番組取材のためモスクワを訪れ、プーチン大統領の側近でロシア下院の議長でもあるセルゲイ・ナルイシキンとの対談を行なった。その中でナルイシキン氏は「日本はロシアにとって大切であり、経済や貿易、文化交流などの分野で、良きパートナーである」と述べるいっぽう、ウクライナ情勢をめぐって、日本がロシアに対する欧米の制裁に加わっていることについては、「日本は強い国であり、もう少し自立的な外交を行なうことができる」と述べて、硬い表情であからさまな不快感を示した。

世界にはさまざまな価値観があり、それぞれの国の国益はそれ以上に紛糾しているから、ロシアによるクリミアの自国編入やウクライナへの進攻が、国際正義にまったく反しているのかどうかは一概には言えないし、そうだとしても日本が正義の味方として行動するべきかどうかも軽率には断定できない。

また、現在のアメリカは日本にとってロシア以上に「大切なパートナー」であるけれども、もし私たちが本来の日本人としてものを考える「物差し」を持っているなら、確かにもっと「自立的な」外交ができるはずだ。そして現在、私たちが持っている最も有効な国際政治の上の「物差し」は何かといえば、それは憲法の「第九条」しかない。

保守的な政治家たちの中には「第九条」を守ることが現代の国際情勢に対応できない消極的な平和主義者の「隠れみの」になっているなどと言う者もいるだろうが、私たちは日本の平和憲法の理念をもっと積極的なものにして世界に広げていかなければならない。自民党政権はその大事な「物差し」を集団的自衛権とか特別秘密保護法などをつくることで放棄しようとしているのだ。

もっとも、私たちが現在、日本国憲法の中に掲げている戦争放棄の条項は日本国独自のものではなく、同じような憲法を持っている国は十国ほどある。そして、これらのほとんどは遠く第一次世界大戦後の一九二八年にパリで結ばれた「不戦条約」を母体として作られている。だから「平和憲法」を持っているからといってそれをことさら誇りに思ったり、「第九条」を主張していさえすれば平和が守られるなどと考えるのは間違いだ。志を同じくする国々と語らって不戦国平和連合を作って行動を起こすべきだ。

自民党やその追随政党が「積極的平和主義」などと銘打って、集団的自衛権の恣意的解釈の幅を広げ、軍事的脅威による抑止力が平和保持の最善の手段であるかのような主張をするのは、平和主義とは全く反対の、弱肉強食の戦争肯定につながる平和への冒瀆だ。こうした主張にだまされて戦争放棄の「第九条」を手放し、「自由に戦争のできる普通の国」になってしまうなどの愚かなことをしてはならない。

現在、世界の百九十三国が加盟する国連憲章の第一章の第二条第三項には、「すべての加盟国はその国際紛争を平和的手段によって解決しなければならない」という規定があるにもかかわらず、これが現実には守られていない。その理由は、この条項には加盟国の国内問題に干渉するものでないということが付け加えられていることと、違反しても罰則がないということにある。これでは建前だけは立派だけれども何の役にも立たない。

この「国連憲章一・二の三条項」に、「国際紛争を平和的手段によって解決」のあとに「解決することとし、戦争は永久にこれをなくすことを目指す」と付け加える国連憲章改正の世界的運動を巻き起こし、「世界不戦条約実現プラン」を提案して実践する。これが現在の日本人が担うべき最も「日本人らしい」世界への貢献だ。

主要国サミットも気候変動（コップ）も地球規模の大事だが、延焼中の火事をよそめに経済がどうの、お天気がこうのと言っていられるだろうか。地球から戦争をなくすことは喫緊の大事であり、不可能だという人が多くても、反対する国家は少ないはずなので、もしかすると意外に実現が容易なことかもしれない。

安全保障理事会常任理事国への当選を待っている必要はない。すぐに、まず、「地球上のあらゆる軍事兵器の移動の禁止」を提議し、次いで「その売買の禁止」そして「その生産と使用の国連による管理」と進め、さらに「国連による平和に対する犯罪の規定と不戦条約違反に関する罰則および国連警察軍の創設」などを討議する工程表を作成し、世界に呼び掛けてその実践に賛同する国を増やしていけばいい。

国連憲章の不戦条項が実効性のない文言にとどまっているのは、かつての日本が国際連盟を脱退したときのように、戦争を起こしたがっている国が多いからではなく、「この地球上で戦争をなくすなんてできっこない」という「愚かな常識」が世界中にまかりとおっているからだ。しかし、戦争がなぜ起こるのか、どうしてやめることができないのかをつきとめていけば、「戦争はなくせる」という結論に行きつくだろう。

例えば、銃社会のアメリカで、兵器産業は絶対になくすことができない壁だろうか。アメリカが本気で国連の不戦活動を推進する気があれば、兵器産業の大部分をシェールガス企業に変えて従業員を吸収するべきだ。

戦争は国家の支配権力が利害をめぐって引き起こす相互の国民の殺戮《さつりく》行為だ。それは支配者の命令と、それに従うことを余儀なくされる相互の被支配人民の銃の撃ち合いという二つの要素で成り立つ。戦勝国の支配者たちは大きな利益を手に入れるが、双方の国民は勝敗にかかわらず相互の殺戮の代償として死者にわずかな補償と、その家族に計り知れない悲しみを背負わせて終わる。被支配人民の意思が支配者を動かして戦争が始まるということもないとはいえないが、それも多くは支配者が巧妙にそう見せかけるだけだ。

ついでに言えば、敗戦国の支配者たちもたいして損はしない。戦争の発動者が裁かれるのは当然として、資本家の経済的な損失は戦後の復興の中で充分に取り返せるからだ。

日本の安倍首相は就任二年で世界の五十カ国を歴訪し、行く先々で「戦略的互恵関係」を振り回して「ウイン・ウイン」のトップ・セールスを展開した。別に戦争をするわけでもないのに戦略というのは、方策とか手段という以上に、敵の「裏をかく」というような意味がある。特に中国に対して使うことが多いのは、昔よく言われた「政経分離」政策のことだろう。裏をかくといっても、互恵の相手の裏をかくのは詐欺であって、そんなことはできるわけがない。国民の裏をかくのだ。尖閣問題などはそっとしておいて、お互いの企業の利益を共有しようというのが「戦略的互恵」だ。双方の企業が「ウイン・ウイン」の利益を山分けにする。企業利益というもののもとは国民の懐から出て積み上がってくるものであり、生活がそれによって多少便利になるにしても、便利になればなるほど、貧乏人はより貧しくなる。新幹線が出来れば、安い乗車券で乗ることのできた古い鉄道は使えなくなり、速くて便利な新幹線に乗るには何倍もする特急券や指定席券を買わなければならないというようなことだ。だから、「互恵」の中に貧乏人は入らない。しかし、戦争が起これればもちろん、平時でも被害が及ぶのは被支配人民なのだ。

もう一つ、私たちは日本人がほかの国にはない、人類がこうむった「業《ごう》」のようなものを背負っていることを自覚しなければならない。それは、原子爆弾による無差別爆撃を受けた、世界でただ一つの「原爆被害国」の国民であり、それに加えて世界で三つ目の原子力発電所事故を起こして、今後半世紀にもわたる放射線被害の対策を続けなければならない国の国民だということだ。

核の開発が人類の最大の負の文明だということが明白である以上、核廃絶運動の先頭に立つことこそ、日本人であることの証しになるというべきだろう。

であるのに、その運動を推進していく国民の組織が原水協（原水爆禁止日本協議会）と原水禁（原水爆禁止日本国民会議）の二つに分裂しているのでは話にならない。しかも、それぞれが政党の利害から勢力拡大の道具として利用されているという現状は世界に恥をさらしているようなものだ。日本の社会には何かと「有識者」の判断にたよって問題を解決していくという習慣があるが、それが本当に第三者であるかどうかにも問題があるので、分裂した原水爆禁止組織の統合の解決は高校牛と大学生の代表を広島と長崎のすべての学校から選出してもらって、子どもたちに判断してもらったらどうだろう。本来このような国民運動を一つか二つの政党に任せておく、あるいは彼らにぶんどられてしまっているというのが根本的に間違っているのだ。

それはともかく、さしあたって、現在日本にある五十四基の原子力発電所は即刻廃炉を決めなければならない。そして、人類最初の核兵器による悲惨な被害を受けながら、その平和利用にも失敗したにもかかわらず、厚顔にも技術の安全性を誇大に宣伝して原子力発電所の建設事業を他国に売り込むという政府の信じがたい商行為をやめさせるべきだ。

太陽光や風力による発電が蓄電技術の向上によって原子力発電にとって代わる時代はそう遠くないだろう。いっぽう、核兵器廃絶の実現はもう少し時間がかかるかもしれない。しかし、そのどちらも日本人が絶滅する前に、日本人のイニシアチブで粘り強く進めていかなければならない。

それができれば、最終的には第二次大戦の末期にアメリカが広島と長崎で核爆弾の性能実験を繰り返し、十数万人もの日本人の命を一瞬に奪ったことを戦争犯罪として糾弾することができる。そしてそのことによって、世界中の核保有国に原子核玩弄《がんろう》からの撤退を求めることができるだろう。

戦争と原子核の地上からの追放というこの二つの人類共通の要求をつらぬいて生きることが、現代日本人の証しなのだ。

本当の民主主義と永久野党

さて、絶滅危惧種指定にはまだ間があるのかもしれないが、もしもこれまでに述べてきたような日本人らしい生き方ができるなら、現代文明の未来にはいくらかでも改善の余地が生まれてくるかもしれない。しかし、それはひとえに日本の政治の在り方にかかっている。

太古の昔から日本人は支配者に従属して生きてきた。力の強い者の庇護のもとに安心を得て暮らし、災害や戦乱が起これば逃げまどい、支配者が変われば新しい支配者に従った。ひでりが続いて稲が実らず、過酷な年貢に苦しむときは一揆を起こして庄屋や代官に迫るときもあったが、それは城主に訴えて窮状を打開してもらうためだった。

鎌倉幕府以来の武家の支配が終わり、文明開化の時代になって士農工商の階級制度は崩れ、知識のある先覚者たちは自由民権の運動を活発に始めたが、庶民の暮らしはほとんど変わらなかった。国家の近代化とともに明治の半ばには帝国憲法が定められ、立憲君主制政体のもとで議会の創設や政党内閣制の議論も進んだ。しかし、現実には藩閥制度のあとをひく元老と軍人による政治支配の壁は容易には越えられず、その旧態を打ち破る護憲運動は大正に入ってやっと実り、後年大正デモクラシーといわれるほどに高まった民衆の意識を背景に普通選挙の実施や政党内閣の成立など、新しい時代が開けていくかに見えた。

ところが、昭和に入って日本人の歴史は一変した。

鎖国を解いて半世紀あまり、ヨーロッパの文明に洗われた日本に民主主義と社会主義という新しい二つの社会思想が入ってきたが、そのどちらもすぐに国民の間に根づかなかったのは日本の支配層が平民の政治参加を望まなかったからだ。民権意識の高まりに押されて議会主義や政党政治が形をととのえ普通選挙法が改正されるいっぽうで、社会主義者と共産主義者を取り締まる治安維持法を成立させていることにも、権力者たちの支配原理を侵されまいとする意思が明確に表れている。

そして、そのはざまをぬって不吉な成長を遂げたのが、西欧列強の植民地主義政策のあとを追おうとする「軍部」だった。

日露戦争の勝利で中国の遼東半島にロシアの持っていた旅順・大連と、南満州鉄道およびその付属地の租借権を得た日本は、それらの権益と在留邦人の保護のために守備隊を派遣、これがのちに関東軍となって、一九二八年六月四日の張作霖爆殺、一九三一年九月十八日には柳条湖の鉄道爆破の事件をいずれも自作自演し、満州事変を引き起こした。日本政府は一貫して事件の不拡大政策をとろうとしたが、軍部はこれに従わず、国際的な非難や勧告も無視して、清朝最後の皇帝溥儀を擁立する傀儡《かいらい》政権を作り、一九三二年九月、偽満州国を樹立する。これが十五年にわたる日中戦争の第一歩であり、また太平洋戦争の口火でもあった。

この間、関東軍の現地司令官や閣内の陸軍大臣らは不拡大路線をとる政府にしきりに干渉し、右翼の政治家らと気脈を通じ、積極財政による財閥との結びつきを強めるなど、挙国一致の国家体制の確立にほぼ成功、一九三三年の三月に、中国からの日本軍の撤退を求める報告案に反対して国際連盟を正式に脱退したが、こうした軍部の独断専行が許された基本的な原因は、当時の私たちの国が持っていた治世体系、つまり大日本帝国憲法にあったといわれる。

何が問題だったかというと、帝国憲法は基本的に欽定憲法であり、立法の権利は天皇にあった。議会や内閣は上奏や建議することができたが、すべては天皇大権に基づく裁可がなければ実行することはできない。特に統帥権は大元帥としての天皇にあり、陸海軍は議会や政府に対してどんな責任も持たなかった。このことが、軍部が九・一八事変（満州事変）の拡大を抑えようとした閣議決定の無視や兵力の独断移動などの暴走を許した最大の原因だった。さらに、自分たちは天皇の統帥権に直属しているのだとおごり高ぶる参謀中枢の佐官級若手の独走は、現地の司令官も止めることができなかったのだ。

それ以来、一九四五年の八月に原子爆弾の爆撃を受けて無条件降伏をするまで、日本軍部は日本人の「神へのおそれ」という素朴な服従心を利用し、天皇の統帥権をたてに無謀な侵略戦争を遂行、多くの国民の命を喪《うしな》って、ついには八百万の神がやどる父祖の地を亡国に導いた。

つまり、帝国憲法が日本人の紀律と行動を規制していた明治の半ばから昭和二十年までの半世紀は、開闢以来、日本人の体験した最悪の「自己喪失の時代」だった。

多くの日本人が日清・日露の戦役での勝利に酔い、国が大きな利益を得たことを喜んだが、それが対戦国と自国の兵士たちの血と命であがなわれた、「お天道様」の道に外れた争いの結果であり、それによって利益を得たのは財閥と軍人だけだということを知るものは少なかった。戦場で散った父や子、夫や兄弟を喪った家族は戦争を恨んだが、それを口に出すことはできなかった。国民皆兵の制度は明治の初期から実施されていたが、憲法発布で法制化され、徴兵検査で甲種合格となったことを誇る若者も、昭和に入って日中戦争が泥沼に陥り、召集に応じることが死地に赴くことであることが当たり前になってからは、単純にそれを喜ぶ者はいなくなる。

しかし、うわべではそれを「日本男児の本懐」といい、「歓呼の声に送られて」誇らしげに出征していった。送る者も送られる者も、その内心は複雑だった。多くの若者が召集の令状が来る前から、忠君愛国の決意と死に直面する不条理との間に何らかの折り合いをつけようと、毎日苦悩を続けた。しかしそれはおそらく無理なことだった。それでも彼らは最後には潔く、国に命を捧げる決心をした。ほかに選択の余地はなかったのだ。死をおそれない者も現実にいたかもしれない。しかし、それによって父や子、愛する人を嘆き悲しませることを思えばどうして安易に心の決着ができただろうか。「死んで帰れ」と励ました父母も人のいないところで泣いていたはずだ。

つまり、この「自己喪失の時代」は国に支配された国民が自己をいつわり、人として自然な感情を抑えて、人前では支配者の「大義」に応じた行動をとらなければならない「不毛の世界」で生きていたのだ。

いっぽうで、兵士の命を牛馬のように戦地に送り出していた戦争の指導者や、戦争の遂行によって巨利を得ていた財閥らの支配層にも、これらのことはわかっていたに違いない。ただ、すべての責任を天皇の統帥権に転嫁していた彼らは、その被害も責任も自分には及ばないということがわかっていた。その意味では彼らも自己喪失の「うその時代」を生きていた。そして、彼らにわからなかったのは、こうした自己矛盾と自己喪失に悩みながら突然の国家の敗戦に遭遇したときに、若者たちが味わった未来への鮮烈な解放感、自由な空気の価値だったろう。

自由の本当の価値は不自由に苦しんだものにしかわからない。

天皇が「忍び難きを忍ぶ」勇気を持って決断した降伏の詔勅《しょうちょく》と人間宣言は、半世紀を超える日本人の「不毛の時代」に終止符を打った。

この「不毛の時代」を生き残った人たちは今、どれほどいるのだろうか。

戦争を知らない新しい日本人が増えて豊かな毎日が流れているなかで、「不毛の時代」から救われた古い日本人が滅びゆこうとしている。その控えめな、慎み深い「神へのおそれ」は、未来へ受け継がれていくだろうか。

「大元帥の大権」をふりかざすことができなくなった旧軍の参謀たちの、その多くは財閥の縁を頼って戦後も私財を肥やし支配者の位置に居座り続けた。そして、その後継者や子孫たちが今、戦争放棄の憲法をつくり替えようとしている。

敗戦のあの日、自己喪失から解放された日本人が垣間見た未来、本当の自由と民主主義の時代は果たしてやって来るのだろうか。

一九六〇年代の東大紛争のとき、法学部の教授だった丸山眞男は「民主主義の実態はプロセスの重視」だと言った。

民主主義という考え方は古代ギリシャに始まってフランス革命以後に、人類社会の最も重要な政治思想として定着しているが、それを確立した国家はこれまでに存在しない。

それはすでに述べたように、国家というものは支配者と被支配人民の矛盾対立によって成り立っているものであり、被支配人民が支配者に取って代わるということはありえないからだ。民主党が自民党政府と交代したところで、はじめに多少目先のかわった光景が見えるだけで、ひと月ふた月たつうちに同じことになってしまう。それはたとえ共産党が革命に成功して政権をとったとしても、いや、これは同じこととはいえない、いっそう悪くなってしまうということは歴史が証明しているといえる。それもすでに述べたように、「権力は必ず腐敗する」ものだからだ。

しかし、それにもかかわらず、民主主義は存在しうるし、存在しなければならない。それは成功した革命としてではなく、また選挙を勝ち抜いた政権としてではなく、支配される人民の、政治への関わりの中に、不断に存在しなければならない。

残念ながら今のところは、それは庶民の生活の中で片々とかわされる日常の不満とか、せいぜいそれを語り合って鬱憤をはらす読書会とか憲法学習会のようなところでくすぶっているだけだが、心ある人々が集まり道理を求めて力を合わせていけば、それらの民衆の意思を政治の場に持ち込むことができるだろう。

必要なのは反体制勢力を結集して政治権力を奪取することではなく、支配権力の存在を認め、その対立存在として、絶えず民衆の意思を実現していくということだ。その意味で共産党は完全に間違っている。

一九一七年の十月革命でボリシェヴィキがロマノフ王朝を倒して政権を取り、ソビエト社会主義共和国連邦という地球上で初めての共産党の国家が誕生したが、彼らの目指したものは「プロレタリア独裁」だった。また一九四九年の十月には中国共産党が日本帝国主義の排除と国民党政府の打倒ののち、人民共和国を樹立したが、その実態はデモクラシーとは程遠い「人民民主主義独裁」だった。

　ほかに共産党が政権を取っている国がキューバ、ベトナム、ラオスと三国あり、また与党として政権に加わっている国がネパール、ブラジル、ウクライナなど六カ国、野党として活動している国は七十カ国ほどあるが、一貫してマルクス・レーニン主義と独裁を堅持するキューバを除けば、東西冷戦の終了以後は改革開放路線をとっている国が多い。ちなみに北朝鮮は一九九二年にマルクス・レーニン主義と決別した、支配者一族の世襲国家だ。

　共産党の主張のどこが間違っているかといえば、独裁であれ与党としての参加であれ、政権の座に就くということが、マルクス・レーニン主義の「階級闘争」論と矛盾していることだ。マルクスとエンゲルスは共産党宣言の中で「今日までのあらゆる社会の歴史は階級闘争の歴史である」と述べているが、この必然的に起こる階級闘争とは、有産階級と無産階級の二つであって、その間に増大する格差が主要な矛盾となって闘争に発展することになる。そして革命が成功すれば無産階級が政治権力を握ることになるのだが、そのとき、無産階級の革命政府は誰を支配することになるのか。

二〇一一年の暮にニューヨークでウォール街を占拠しようとした人たちが「私たちは九九％だ」と書いたプラカードを掲げていたのは、一九九〇年代の半ばにネット上に流れた「世界がもし百人の村だったら」という作者不明の小論で、世界中の富の大半は地球の人口の一％の人たちの手に握られていると述べていたことによるが、現在ほとんどすべての国の支配権力は、この一％の富裕層で占められていることは間違いない。いっぽうで、国際連合開発計画の「二〇〇〇年度人間開発報告書」によると、一日一ドル以下で生活している絶対的貧困層は、一九九九年の十億人から十二億人に増加しており、世界人口の約半分にあたる三十億人は一日二ドル未満で暮らしているというから、共産党はこれらの無産階級を代表して国家権力を握り、それまでの一％の有産階級にかわって支配者の座に就くわけだが、その支配対象が全人口の一％しかいないということはあり得ないだろう。

ここでもう一度確認したいことは、国家は間違いなく支配者と支配される国民の二つの集団が対立して成り立っているということだ。国民主権というのは王権専制に対して作られた言葉ではあるが、国王を追放したからといって支配者がいなくなれば、国家というものは成り立たない。王に代わってその座に就く者が大統領と呼ばれようと第一書記と呼ばれようと、あるいは国家主席と呼ばれようと、まっとうな民主主義の選挙によって選出されたのであれば、それは国民主権が実現されたことになるけれども、しかし、それが支配者であることには変わりはない。そして、支配される国民は国王が支配者であったときも、大統領とか国家主席が支配者になるときも、同じ被支配人民であって、共産党が支配者の座に就けば、八〇%以上の富を独占していた一%の富裕層がその富の大半を取り上げられて、普通の国民の仲間入りをさせられているということが少し違うだけだ。

つまり、共産党が政権を取れば、党の幹部はその日から政府閣僚として、昨日まで自分たちを支持してくれた同志仲間を含め、すべての人民を支配対象として、税金を徴収し国を運営していかなければならない。要するに支配者の椅子に座る者が入れ替わるだけのことだ。

独裁体制を確立すれば、それまで綱領に掲げていたことは意のままに実現できるが、いわゆる統一戦線とか民主連合政府というものが見せかけだけでないとすれば、昨日までは打倒の対象だった政権与党がやっていた手練手管の政党政治をやっていかなければならない。政権のおこぼれにあずかりたい乱立野党をどれだけ取り込めるかが統一戦線をつくり上げるカギになる。しかし、そのような連合政権をつくったところで、それを国民主権といえるだろうか。

何度も繰り返すが、国民の大部分は被支配人民であり、自民党政府であっても共産党政府であっても、そして自由民主連合政権であっても、それは国民の一部によって構成された支配機構であり、被支配人民とは対立するものなのだ。

ここで再び確認したいことは、前記第二章の終わりで紹介した十九世紀のイギリスの歴史家ジョン・アクトンの「権力は腐敗する」という言葉だ。

歴史上、腐敗しなかった権力が一つでも存在しただろうか。

権力をもって他者を支配するそのこと自体が腐敗なのだ。

「民のかまどはにぎわいにけり」で知られる仁徳天皇のような為政者が、もしいたとしても、政治の能力はなかったろう。その理由は貧乏人の暮らしに同情するような金持ちは金もうけができないし、金持ちの協力がない支配者に政治はできないからだ。

国会にむらがる政治家や政党は、政権を目指す限り、すべて腐敗を目指している。共産党も例外ではない。

もし「いや、私たちは違う」と言う政治家や党があれば、そして、もしその政治家や政党が本当の民主主義を目指す人たちであれば、行く道は簡単だ。政権をとることをやめればいい。

議会主義を放棄すればいいというのではない。舞台はあくまでも、国民が主権を行使する場所としての国会だ。

しかし、政権に寄り添ったり、政府閣僚や総理大臣になることを目指すのではなく、「万年野党」に徹する。志を同じくするものが集まり、この党が権力を目指さず、貧しい者の立場で政治に参加する永久の野党であることを国民に理解してもらえば、やがては選挙に勝ち、議員の数が増えていく。そして、衆議院で二十名を超えれば独自の法案を提出することができる。超えないうちは法案審議に加わり、常に貧しい者の立場で権利を行使する。首相候補は立てないが、よりましな候補者に投票していく。永久野党だからといって政治に無責任であってはならない。すべての政治課題に参加し、常に弱者の立場で態度を明らかにして、国民に訴える。

二〇一四年暮れの総選挙で日本共産党は二十一議席を獲得したが、それがすべての選挙区に候補者を立てての結果であることからすれば、「躍進」ということ自体がその限界を示していると言わざるを得ない。しかも共産党が法案の提出権を得て最初に考えているのは政党助成金を廃止することだという。政党助成法がなぜ悪法なのかはよくわからないが、それよりも議員定数の削減とか歳費の切り下げとかに先に取り組むべきではないのか。ほかにも少産多死の時代を迎えて、託児・保育施設の充実や老人ホームと火葬場の増設など、政治が緊急に対応しなければならないことがあるのに、政治家の頭にまず浮かぶのは党利党略しかないのだ。

要するに、政権をめぐる争いよりも大事なことがある。それは国民の中の弱者の立場にたってものを考えればすぐにわかることだが、政権亡者が何を言ってもついてくる国民の数には限界があるだろう。こうした状況を打ち破る唯一の方法は政権を目指さない政治家とその集団である永久野党を確立することだ。

本来こうした機能は参議院によって果たされるべきものだったが、日本の二院制はその出発において原点をあやまっていたし、そのために現在では存在の意義を失って、一部の無知な政治家の中には参議院無用論まで出てくる始末だから、参議院の改革よりは純粋野党の確立のほうが早道なのだ。

今の国会に本当の国民代表はいない。本当の国民代表は常に支配者と対立して存在し、主権者としての権利を守る者でなければならない。

なぜなら、丸山眞男が言ったように、真の民主主義の実態はこうしたプロセスだからだ。それはいったん成功すれば不変の政治形態として社会に定着するようなものではない。そのプロセスを維持していくためには、不断に社会の最下層の立場から政治を監視し、必要に応じて政治を変革していくことのできるシステムがなければならない。永久野党は、広範な国民の支持が得られれば勢力を拡大し、必ず政権を支配することができるようになる。

そして、永久野党が政権を支配するようになれば、貧困を追放することも、格差を縮めることも、人口の減少を食い止めることもできるようになり、さらに核の廃絶や戦争のない世界の実現などの、日本人としてふさわしい運動を進めていくこともできるだろう。

永久野党の確立なくして、真の民主主義は実現しない。

政治権力が、支配の対象である民衆の意思を政治の中で優先することはありえず、それができるのは権力の外にある政治力しかない。したがって、民主主義の実現は政権を志向しない政治勢力、常に民衆の利益の側に立つ「永久野党」の確立にある。永久野党による政治への不断の干渉こそが、民主主義の実践であり、本当の民主主義というものはそういう形でしか存在しないのだ。

〈著者プロフィール〉

黒羽 栄司（くろばね えいじ）

秋田市出身。1928年生まれ。

奉天春日小学校、奉天一中を卒業、ハルビン学院入学の年に終戦。翌1946年、集団帰国時に計略留用となり中国第四野戦軍に強制参軍。

1949年から53年までハルビン市日本人民会文化部職員。

帰国後、愛知大学文学部卒業。名古屋市立中学校教員、日本語学校愛知国際学院日本語教師、北京二外留学預科日本語学院日本語教師を経て、現在に至る。

◎著書

1976年 講談社より推理小説「神の鎖」（ペンネーム・古庭栄司）
1982年 開発社より歴史小説「王と為りてより以来」
1995年 大修館書店より日本語教科書「日本語で学ぶ日本語」初級・中級編、日本語文法書「現代日本語文法への12の提案」
2000年 南開大学出版社（天津市）より日本語教科書「強化聴説日本語」初・中・高級編
2009年 外語教学与研究出版社（北京市）より日本語会話教科書「聴巴」
2010年 外語教学与研究出版社（北京市）より日本語文法書「現代日語語法明解」
2011年 ブイツーソリューション出版社より「さらに美しく青春を」

滅びゆく日本人

2015年３月12日 初版第１刷発行

著 者 黒羽 栄司
発行者 韮澤 潤一郎
発行所 株式会社たま出版
〒160-0004 東京都新宿区四谷4-28-20
☎ 03-5369-3051（代表）
FAX 03-5369-3052
http://tamabook.com
振替 00130-5-94804

組 版 一企画
印刷所 株式会社エーヴィスシステムズ

ISBN978-4-8127-0378-6 C0011